EBS 30일 인문학
처음 하는 정치학 공부

EBS 30일 인문학

처음 하는 정치학 공부

이원혁 지음

EBS BOOKS

호모 사피엔스는 태생적으로 정치적 동물이었다. 그들의 조상이 나무에서 내려온 이래로 호모 사피엔스의 가장 강력한 무기는 '무리'였다. 초원에서 별 보잘것없던 동물이었던 호모 사피엔스는 도구와 불을 사용하기 시작했고, 이것이 다수의 '도구들'과 '불들'이 되면서 호모 사피엔스는 만물의 영장이 될 수 있었다.

이스라엘의 역사학자 유발 하라리Yuval Harari(1976~)에 따르면, 호모 사피엔스가 네안데르탈인과 같은 다른 유사 인류들을 제치고 유일한 인류로 남을 수 있었던 것은 바로 언어와 상상력 덕분이었다. 처음 보는 사이에서도 같은 신화를 믿거나 유사한 언어를 쓴다면 동지의식을 느낄 수 있었던 우리 조상의 상상력은 거대한 집단의 형성을 가능하게 했다. 낯선 사람들을 하나의 집단으로 묶는 힘, 그리고 그 집단을 통제하거나 운영하는 힘이 바로 정치의 출발이었다.

고대 그리스의 철학자 아리스토텔레스Aristoteles, BC(BC 384~BC 322)

가 '인간은 정치적 동물'이라고 선언하기 수만 년 전부터 우리 인간은 정치를 하고 살아왔다. 인간들은 다양한 환경 속에서 살아왔기 때문에 정치의 형태도 시대와 환경, 지역, 민족에 따라 다양했다. 이런 다양한 환경에서 인간의 정치를 작동시키는 것이 바로 정치사상이나 이데올로기였다. 이것은 단순히 강자가 약자를 다스리는 지배 담론이 아니라 한 집단이 국가나 사회로서 그 체제를 만들거나 유지하기 위해 필요한 장치였다. 이러한 장치는 인간을 보호하고 문명을 건설하기도 했지만, 때로는 인간을 살육하고 문명을 파괴하기도 했다.

이 책은 지난 수천 년간 인간문명을 가능하게 한 정치사상을 시대별로 묶은 것이다. 인류가 역사를 기록하기 이전인 선사 시대에도 정치는 존재했다. 선사 시대에는 신화적 사고를 통해 정치의 원형을 만들어갔다. 동물을 숭배한 토테미즘은 같은 토템을 믿는 무리 간의 동질감을 낳으며 최초로 정치적 집단이 형성되도록 이끌었으며, 자연과 그 정령을 숭배한 애니미즘은 인간에게 규칙과 질서를 알려주었다. 그리고 신과 인간을 매개하는 샤먼이 등장하면서 드디어 정치권력이 태동했다. 이러한 세계관을 종합한 것이 동양과 서양의 신화와 고대 종교들이다. 이러한 원시 시대 인류의 정치 형태로부터 출발해, 동서양 고대와 중세의 정치질서, 그리고 다양한 정치사상이 등장한 근대와 현대로까지 이어지는 여정을 이 책에 담아냈다.

처음 하는 정치학 공부

인류의 모든 정치사상을 담지는 못했지만, 인류사에 영향을 준 주요 정치사상들을 중심으로 최대한 골고루 안내하려고 애썼다. 자유주의, 민주주의, 민족주의처럼 비교적 익숙한 사상에서부터 주체사상, 사회민주주의, 사회주의 등 명칭은 익숙하지만 개념은 모호한 사상뿐 아니라 와하비즘, 사회진화론, 생태주의와 같이 대중적으로 다소 낯선 사상까지 다양하게 소개하고자 노력했다.

심도 있고 광범위한 정치사상을 한 권에 간략히 소개하기에는 무리가 따르는 것이 사실이다. 이러한 한계를 감안하는 가운데 이 책에서는 다양한 정치사상을 대중의 언어로 가능한 한 간단하면서도 정확하게 전달하는 데 중점을 두었다. 지금부터 토테미즘부터 사회민주주의까지 하루에 하나씩 인류의 정치사상사를 한 달간 가볍게 둘러보도록 하자.

2023년 8월 이원혁

차례 ____

오늘의 키워드
토테미즘

집단의 탄생

집단을 규정하고
결속시키는 힘

#무지개_사단 #랄프_린튼 #토템 #집단 # 호모_사피엔스 #인지혁명 #래드클리프_브라운

1차 세계대전 당시 미국 42사단의 별칭은 '무지개 사단'이었다. 이 사단에 속한 병사들의 고향이 각양각색이라서 사단의 한 장교가 임의로 지은 이름이었는데, 이것이 자연스레 사단의 별칭으로 쓰이게 되었다. 재미있는 것은, 누군가가 42사단 병사에게 "자네는 어디 소속인가?"라고 물으면 "전 무지개입니다"라고 대답하는 일이 많아졌다는 점이다. "저는 무지개 사단 소속입니다"가 아닌 '내가 무지개'라는 무의식적 표현이 사단 안에서 공공연하게 퍼지더니, 다른 사단에도 무지개 사단이 작전을 수행하면 무지개가 생긴다는 믿음마저 확산되었다.

선더버드 토템
(찰리 제임스, 20세기 초 제작)

문자가 없던 시절, 인간에게는 하나의 무리임을 나타내는 표식이 필요했고
가장 직관적인 대상이 토템이었다. 토템 숭배는 인간이 자신의 무리를
서로 알아보고 인정하는 표식이자 증표였다.

이 예시는 미국의 인류학자 랄프 린튼Ralph Linton(1893~1953)이 토테미즘의 현대적 발생을 설명하며 거론한 것이다. 인류학자들과 철학자들은 흔히 토테미즘을 인간이 자기 집단을 구성하고 묶는 최초의 관념이라고 생각한다. 토테미즘은 우리 단군 신화의 웅녀처럼 한 집단의 기원이 인간이 아닌 동물이나 식물 같은 자연물의 형태라고 생각하는 믿음체계다.

'토템'이라는 말은 북아메리카의 오대호Great Lakes 북부 지역에 사는 오지브와족이 쓰는 알곤킨어 'ototeman'과 'dotem'에서 비롯되었다. ototeman에서 ot는 '그는', ote는 '친척', man은 '나의'라는 뜻이다. dotem은 '부족(나의 친척)'이라는 뜻이다. 즉 '그는 나의 친척이다'라는 말과 '부족'이라는 말이 토템의 어원이다. 토템이 신령한 특정 동물이나 식물이 아니라 자신이 속한 집단을 뜻한다는 것은 무엇을 의미할까? 바로 토템의 목적이 자연물에 대한 '숭배'가 아닌 '집단'의 형성에 있다는 것이다.

호모 사피엔스는 약 7만 년에서 3만 년 전 사이에 '인지혁명'이라는 획기적인 사건을 맞이했다. 이 시기 인간은 언어를 구사할 수 있게 되었고 언어를 통해 상상을 할 수 있게 되었다. 언어를 통해 당장 눈앞에 없는 것에 대해서도 표현할 수 있게 된 것이다. 언어와 기록이 없던 당시 인간은 자신의 선조에 대한 정보가 전혀 없었다. 그러다 보니 소위 아버지의 역할에 대한 상상적 대체물로 자신의 조상을 동식물과 같은 토템으로 설정하게 되었다. 예를 들어 원숭이 같은 유인원들은 사자를 보면 특정한 울음소리로 '조심해! 사자야'라는 경고만 할 뿐이었지만, 인간은 언어를 사용해 "사자가 우리의 조상이다"라는 상상도 할 수 있었다.

이러한 '상상'이 가져온 효과는 무엇일까? 바로 집단의 탄생이다. 원시 시대에 자연적으로 형성되는 무리는 수십 명에 불과했다. 반면 이러한 상상을 공유하는 무리들은 거주지가 어느 정도 떨어져 있어도 서로를 하나의 집단으로 인식할 수 있었다. '사자의 후손'으로서 여러 무리들은 서로를 하나의 집단으로 인식하고 서로 돕거나 의지할 수 있었다. 이러한 집단이 질서와 동질의식을 갖게 되면 사회가 된다.

사회가 유지되기 위해서는 지속성과 구성원 간의 연대가 필수적인데 그 최초의 수단이 바로 토템이었다. 특정 동식물을 토템으로 정하면서 원시인들은 자신이 선정할 수 있는 가장 단순하면서도 강력한 집단적 상징을 가질 수 있게 되었다. 현대인들은 다양한 상징물을 통해 자신과 집단에 대한 의식을 형성한다. 예를 들면 상징물인 국가나 다양한 상품의 브랜드와 같은 것을 통해 국가에 대한 소속감을 느끼거나, 특정 명품 브랜드를 인정하는 집단 속에서 그 표식을 가짐으로써 자신의 안정적 위치를 확인한다. 하지만 원시인들에게는 그런 복잡한 표기들보다 자연물을 이용하는 것이 훨씬 효과적이었을 것이다. 사자, 호랑이, 곰, 오래된 나무와 같이 다른 원시인들과 직관적 공유가 가능하면서도 강력해 보이는 대상을 선정하고 그것을 집단을 묶는 상징으로 여기게 되었다. 지금도 국기가 있음에도 미국이 독수리, 우리나라가 호랑이나 무궁화 등을 국가의 상징으로 사용하는 까닭은 자연물을 집단의 표식으로 사용하는 원시인들의 효용성이 현대에도 유효하기 때문이다.

흔히 토테미즘을 종교와 묶는 경우가 많은데 이는 영국의 사회인류학자 래드클리프-브라운Alfred Radcliffe-Brown(1881~1955)의 영향이다. 그는 토템을 제사나 의례의 대상으로 보고 토테미즘이 원시 종교로서 종교의 사회적 통합력을 가진다고 보았다. 그러나 이런 생각은 많은 학자들의 사례 연구를 통해 반박되었다. 막상 우리나라만 보아도 웅녀의 후손인 우리 문화에 '곰 숭배'는 거의 존재하지 않는다. 오히려 곰과 경쟁했던 호랑이에 대한 숭배의 모습이 산신 등의 형태로 더욱 많이 나타난다. 프랑스의 저명한 인류학자이자 민족학자인 레비-스트로스Claude Levi-Strauss(1908~2009)는 아메리카, 오스트리아 등 현대의 여러 원주민의 토템을 분석한 결과 부족의 토템과 부족의 수호령이 일치하는 경우가 극히 드물다는 사실을 밝혀냈다.

레비-스트로스, 뒤르켐Emile Durkheim(1858~1917, 프랑스), 프로이트Sigmund Freud(1856~1939, 오스트리아)와 같은 인류학자, 사회학자, 철학자들은 토템은 그냥 상징일 뿐 실제 의미와 상관은 없다고 말한다. '나무'라는 단어가 실제 나무와는 아무 상관없이 우리가 그렇게 이름을 붙인 것처럼, 원시인은 접근성 좋고 의미화하기 좋은 특정 자연물에 '그냥' 토템을 부여한 것이라는 말이다.* 이런 상징물은 자신의 집단과 다른 집단을 구분하는 표식이 되는 동시에 그 집단의 정체성이자 '주소'가 된다.

이스라엘의 역사학자 유발 하라리는 호모 사피엔스가 네안데르탈인처럼 육체적으로 더욱 뛰어났던 인류의 다른 아종들과 달리 유일한 승자가 될 수 있었던 것은 언어와 상상을 통해 대규모 집단을 이룰 수 있었기 때문이라고 말한다. 토테미즘은 이러한 집단의 형성에 최초이자 가장 효율적인 방식이었다.

고대 사회에서 종교의 역할은 엄청났다. 정신세계의 통일을 통해 씨족 단위의 집단을 통합시키고 고대 국가의 탄생에 기여했다. 토테미즘 자체를 종교로 보기는 힘들지만, 토템에 의한 집단의 형성은 원시적 형태의 정치를 낳았고 정치의 기본 단위인 대규모 집단을 만들어냈다. 원시 사회가 고대 사회로 이행하는 데 토테미즘이 결정적 역할을 한 것이다. 그리고 이러한 토테미즘의 요소들은 신화로서 그리고 국가의 상징 같은 현대적 토테미즘을 통해 여전히 현대 국가의 결속력을 다지고 있다.

• 이렇게 단어의 뜻과 표기가 직접적인 연관이 없다고 여기는 것을 철학에서 '유명론'이라고 부른다.

처음 하는 정치학 공부

오늘의 키워드
애니미즘

규범의 탄생

**정치사회의
출발점**

#에드워드_타일러 #애니미즘 #규범 # #종교 #상상

선녀와 나무꾼, 해님과 달님, 별주부전, 흥부전 등 전래동화의 특징은 무엇일까? 전래동화 속에서는 동물이나 나무와 같은 식물, 심지어 바위도 마치 인간처럼 행동하고 말을 한다. 그리고 그들 간에 또는 그들과 인간 사이에 어떤 약속이나 규칙이 등장한다. 어떤 일은 하면 안 되고 어떤 일은 하면 복이나 벌을 받기도 한다. 이러한 생각은 사람이 아닌 존재들에게 마치 사람처럼 영혼이 깃들어 있다고 생각하는 '애니미즘'의 영향을 받은 것이다.

'애니미즘'은 인류학의 아버지라 불리는 에드워드 타일러Edward Tylor(1832~1917)가 명명한 개념으로 자연물에도 영혼이 있다고 믿는 원시인의 정신세계를 말한다. '애니미즘'은 농경이 시작되기 훨씬 이전, 인간이 수렵과 채집으로 살아갈 때 형성된 당시의 주류적 사고체계다. 대부분의 원시인들은 면적이 1,000제곱킬로미터도 안 되는 지역에서 평생을 보냈다. 그들은 자신이 사는 강, 계곡, 숲속의 자연생태에 절대적인 영향을 받았다. 같은 강이라도 물고기가 많이 잡히는 시기와 지점이 있고, 안전한 숲과 위험한 숲 역시 동시에 존재했다. 원시인들에게 자연은 알 수 없는 힘이 가득한 변화무쌍한 존재였고 그들은 그 속에서 자연의 법칙을 존중하면서 삶을 영위했다.

어두운 숲속, 맹수, 사냥감, 큰 바위나 나무 등에 대해, 원시인들은 전해져 내려온 그들의 경험을 보태어 그것들을 의인화하고 그것들이 가지는 어떠한 규칙들을 자신에게도 동일하게 적용했다. 특정한 날에는 어느 숲에 들어가지 않는다든지, 어느 지역의 어느 나무는 베지 않는다든지, 어느 동물은 함부로 사냥해서는 안 된다든지와 같은 약속들이다. 그리고 이 약속들은 대부분 금기의 형태를 띠었다. 다시 말해 원시 시대의 자연적 질서에서 인간은 하면 안 되는 행위들을 규정했다.

원시인들에게 눈에 보이는 세계와 눈에 보이지 않는 세계는 동일한 가치를 가졌다. 그래서 그들은 현실과 신비한 힘들과 항상 지속적인 소통을 시도했다. 나무꾼은 사슴을 만나기도 하고 산신령을 만나기도 하면서 자신의 일상과 신비로운 존재 간의 자연스러운 관

아메리카 원주민 그림

도구와 불의 사용으로 만물의 영장이 된 인간에게
애니미즘은 자연과 환경이라는 질서에 수긍하는 방법을 알려주며,
인간의 사회화를 이끌어냈다.

계를 유지했다.

인간의 규범은 이러한 초인적 질서에 대한 믿음을 바탕으로 시작되었다. 따라서 최초의 규범은 인간 간의 관계를 규정하는 도덕이나 윤리가 아니라 자연과 인간의 관계를 규정하는 약속이었다. 애니미즘이 지배적 신념이었던 원시 시대의 규범과 가치는 인간뿐 아니라 동물, 식물, 자연물, 요정, 신령 등 다양한 존재들의 관점과 이익을 고려해야만 했다. 즉 원시인이 숲에 대해 어떻게 생각하는지가 중요한 것이 아니라 '숲은 어떻게 생각하는가'가 중요했다. 자연의 변화무쌍함과 웅대함은 원시인들로 하여금 자연이 인간의 대상이 아닌 그 스스로의 영혼으로 자신을 인지하는 존재로 이해하도록 했다.

인간은 그러한 자연과의 소통을 통해 자연과 협력체계를 구축하고 그 속에서 삶을 영위했다. 원시 시대에 자연은 인간에게 두려움의 존재이자 생명의 존재였다. 맹수와 같은 온갖 위험이 도사리고 있는 한편, 자연 속에서만 음식을 얻고 생명을 유지할 수 있었기 때문에 인간은 자연에 자신과 동일한 지위를 부여하고 자연과의 소통을 바탕으로 자신을 유지했다. 인간과 자연의 협력을 이야기하는 것은 호모 사피엔스의 유지에 큰 힘이 되었다.

이렇게 인간이 눈에 보이지 않는 자연의 힘과 여러 가지 약속을 맺는 행위는 인류 정치사회의 위대한 서막을 열었다. 보이지 않는 자연의 힘이 보이지 않는 질서를 만듦으로써 인류는 상상을 통한 다양한 것들에 대해 가치와 질서를 만들어내기 시작한 것이다.

애니미즘이 원시 종교의 형태를 띠기 시작하면서 종교가 지닌 가장 큰 힘인 '질서를 부여하고 정당화하는 능력'이 생기기 시작했다. 종교는 광범위한 사회적, 정치적 질서를 정당화시킬 능력을 가지고 있다. 애니미즘은 인간을 초월한 초인적 질서를 바탕으로 원시 종교를 형성했고, 원시 종교는 그 스스로 구속력이 있다고 여겨지는 규범과 가치를 규정했다. 규범은 이렇듯 눈에 보이지 않는 것을 기반으로 탄생했다. 이는 훗날 '법'으로 불리는 규칙들에 있어서도 마찬가지다. 다시 말해 애니미즘이 눈에 보이지 않는 초인적 질서를 기반으로 금기와 강요를 만들었듯이 법 역시 눈에 보이지 않고 만져지지 않는 권리, 의무, 도덕을 바탕으로 자신의 체계를 만들어간다. 신령한 나무의 열매를 나누어 먹음으로써 신비한 힘을 얻는 것과 마찬가지로 현대의 법 역시 천부인권이라는 신비한 힘을 바탕으로 다양한 규칙들을 만든다.

애니미즘은 현대의 이성으로 봤을 때 조악한 믿음체계일 수도 있다. 하지만 원시인들이 '상상'을 통해 그들의 삶과 공동체를 유지했듯이, 현대 사회를 지탱하는 다양한 규범들 역시 초인적 질서를 바탕으로 하기도 한다. 우리가 당연시하는 현대의 다양한 권리들은 사회적, 종교적, 정치적으로 형성된 상상적 믿음에 기반한 경우가 많다.

애니미즘은 농업의 시작과 함께 급격히 기존의 지위를 잃기 시작했다. 앞서 말했듯 애니미즘의 특징은 인간을 특별한 존재로 격상하지 않고 수많은 자연적 존재 중 하나로 인식하는 것이다. 애니미즘은 자연 속에 존재하는 모든 것과 직접 의사소통을 했고, 자연과 더불어 살아가는 거주지를 다스리는 질서에 대해 소통하고 협의했다.

그러나 농경이 시작되자 그러한 협의는 점차 줄어들기 시작했다. 농부들은 조상과 달리 자연을 소유하고 조작하고 생산했다. 자연과 협의하는 것이 아니라 자연을 자신의 지배하에 둠으로써 자연은 협의 대상이 아닌 개척의 대상이 되었다. 이렇듯 농경이 시작되면서 숲도, 호랑이도, 토끼도, 바위도 말을 하지 않게 되었다. 인간은 이제 뒷산에서 우연히 발견한 사과나무만으로는 만족할 수 없었기에 뒷산의 산신령은 농부의 욕심을 채워줄 수 없었다. 농부는 이제 연간 강수량, 일조량, 홍수와 가뭄과 같은 전체로서의 자연에 눈을 돌렸다. 이렇듯 농경의 시작은 '정령'이 아닌 '신'을 불러오면서 애니미즘의 요소들을 종교의 주변부로 축소시켰다. 애니미즘은 완전히 사라지지는 않고 악마, 귀신 또는 신의 보조적 역할 등으로 전환되어 현대까지 그 맥을 이어오고 있다.

인간은 애니미즘을 통해 최초의 규범을 만들어냈으며, 애니미즘을 극복하면서 자연과 그 스스로를 분리하는 문명을 만들었다. 애니미즘은 인간 정치사회의 출발점이다. 이스라엘의 역사학자이자 유명 작가인 유발 하라리에 따르면 호모 사피엔스의 가장 큰 성공 요

처음 하는 정치학 공부

인은 '상상'이다. 인간은 상상을 통해 집단을 구성하고 국가와 법을 만들었다. 애니미즘은 그 출발로서, 인간은 눈에 보이지 않는 자연에 대한 초인적 질서를 창조하고 자신을 자연 속에 세웠다.

오늘의 키워드
샤머니즘

정치의 탄생

정치권력의 시작

#샤먼 #시베리아 #수렴진화 #정치권력

흔히 원시 시대 하면 떠오르는 장면이 있다. 신들린 듯한 샤먼이 주술을 외우고 커다란 모닥불 앞에 사람들이 모여 절을 하거나 춤을 추는 모습이다. 왠지 모르게 무서운 느낌의 샤먼과 겁에 질렸거나 열광적인 사람들의 모습은 우리가 원시 사회에 대해 가지고 있는 강렬한 이미지 중 하나다. 이런 모습들은 인류의 정치와 사회에서 어떤 의미를 지니고 있을까?

샤머니즘은 애니미즘이나 토테미즘보다 비교적 늦게 나타났다. 애니미즘이나 토테미즘은 정령과 자연물에 대한 숭배였는데, 이러한 믿음이 점차 정교해지고 복잡해지자 숭배의 대상과 사람들을 매개하는 역할이 필요해졌다. 일반인들은 쉽게 접하지 못하는 신령들과 직접 소통을 하며 신의 목소리와 명령을 전달하는 샤먼의 등장은 인류의 역사와 문화 그리고 정치에 새로운 전기가 되었다.

샤머니즘은 초자연적 현상에 대한 믿음 행위에서 비롯했다. 샤먼은 신, 정령, 죽은 사람의 영혼 등과 교신하며 살아 있는 사람들과의 소통을 중재하는 존재다. 신이나 영혼과 같은 존재들은 일반인들이 직접 접하기 어려웠기에 샤먼과 같은 영적인 특별한 존재를 필요로 했다. 샤먼은 빙의와 같은 방식으로 접신接神을 시도했으며, 그 과정의 경이로운 모습은 사람들에게 경외심과 공포감을 불러일으켰다.

샤머니즘은 시베리아 지역에서 처음 발원한 것으로 알려져 있다. 신석기 시대가 저물어가고 청동기 문명이 시작될 무렵, 즉 수렵채집에서 농경과 목축의 사회로 정착해가던 시대에 샤머니즘이 등장했다는 것이 가장 유력한 학설이다. 인류의 집단이 커지고 농경이나 목축 등으로 생산활동이 옮겨가자 인류는 자연환경에 더욱 의지하게 되었다. 수렵채집 시절의 인간은 머물던 곳에 식량이 떨어지거나 자연재해 등으로 살기 힘들어지면 떠나면 그만이었다. 그러나 농경과 목축은 인간의 이동 반경을 제한시켰다. 농경에 비해 목축은 자유로웠을 것 같겠지만 가축을 키우기 위한 행로는 농경만큼이나 제한적이었다. 적당한 풀이 있는 곳을 계절에 따라 찾아가야 하는 여정은 일정과 계획이 철저한 여행과 비슷했다.

EJECTING A DEMON.

아프리카 샤먼의 모습

고대 사회에서 샤먼은 정치 지도자이자 수도승이며 의사이자 교사였다.
그들은 애니미즘 사회에 산재해 있던 질서를 통합하고
인간에게 구체적인 역할과 의무를 부여하며 고대 사회를 통합했다.

시베리아는 예나 지금이나 혹독한 환경이지만, 오히려 인류는 이 동토의 땅에 몰려들었다. 구석기 시대부터 인류는 시베리아 지역에 다수 거주했는데, 아열대 지역에 비해 맹수의 위험이 적었으며 매머드 등 식량자원이 풍부했고 추운 날씨로 인해 음식의 보관도 용이해서 당시 인류는 따뜻한 남쪽보다 추운 지역에 더욱 많이 머물렀다. 그리고 1만 2,000년 전부터 지구의 기온이 서서히 오르기 시작하면서 시베리아 지역에서도 농경과 목축이 가능해졌고 그 지역의 자연과 기후 등에 인간은 더욱 의존하게 되었다. 샤먼은 이런 시점에 등장했다.

시베리아는 퉁구스계, 고아시아계, 우랄·알타이계, 사모예드, 몽골계 등 수많은 종족들의 땅이었다. 그런데 샤머니즘은 특정 종족의 믿음 형태가 아닌 시베리아의 보편적 문화 형태로서 나타나기 시작했다. 물고기와 고래처럼 비슷한 환경의 생물들이 종적인 유사성이 없음에도 비슷한 모양으로 진화하는 수렴진화처럼 시베리아라는 자연환경은 인류에게 샤머니즘이라는 공통의 문화를 선사했다. 공포와 경외의 대상이었던 구석기인들의 자연과 달리, 신석기 말 무렵 인류에게 자연은 생산, 질병, 거주, 사고를 결정짓는 훨씬 더 구체적이고 직접적인 대상이었다. 그래서 인류는 자연에 좀 더 적극적으로 대응해야 했고, 그러한 대응에 질서를 부여하는 자가 바로 샤먼이었다.

샤먼은 자연, 신, 죽은 자들과 소통하며 살아 있는 사람들에게 삶의 방향을 제시하는 역할을 했다. 그들은 병을 치료하기도 했으며, 집단이 거주하거나 이주할 곳을 정하기도 했다. 이들은 일종의 빙의를 통해 자연이나 신의 법칙을 인간들에게 전달했다. 신의 목소리를 전달하는 샤먼은 자연스레 신성한 존재가 되었으며, 무리 내에서 신성한 존재로 여겨졌다. 샤먼의 역할은 영적인 지도에만 머무는 것이 아니라 일상적 삶의 구체적인 방향을 지시하는 데까지 이어져 있었기 때문에 샤먼이 무리 내에서 지도자의 역할을 겸하는 경우가 늘어갔다. 선사 시대의 제정일치 사회는 이렇게 샤먼의 등장과 함께 시작되었다.

시베리아에서 시작된 샤머니즘은 유럽과 아메리카 대륙, 동남아, 오세아니아 등 세계 곳곳으로 퍼져나갔다. 샤머니즘의 확산은 단순한 무속 행위의 확산이 아니라 '정치'의 확산이기도 했다. 샤먼의 등장은 정치적 지도자의 등장과 그 궤를 같이한다. 샤먼은 자연과 신이라는 공통의 숭배 대상에 대한 질서를 부여함으로써 사람들이 동일한 가치와 윤리 그리고 생활양식을 가지도록 인도했다. 샤먼은 접신과 빙의라는 사회적 카리스마를 통해 사회 구성원들에게 범접할 수 없는 권위를 인정받았으며, 정치권력의 원시적 모습을 띠게 되었다. 샤머니즘은 고등 종교들과 달리 내세에 집중하기보다는 질병, 재해, 가뭄, 홍수, 사고, 생산 등 현실적 문제에 더욱 관여했기 때문에 이들의 주술은 고대인들의 삶에 강력한 영향을 미쳤다.

보통 샤먼은 한 집단 안에서 일인 체계이거나 계승의 개념이었기 때문에 자신의 조직이나 연대체를 만들지 않았다. 이렇듯 고대 사회에서 샤먼은 지도자의 역할은 했지만 집단을 이루지는 않았으므로 기본적으로 샤머니즘의 사회는 계급사회 혹은 신분사회가 아니었다. 따라서 샤머니즘은 인류가 계급을 만들기 전 사회통합과 정치적 지도력을 어떻게 구성했는지에 대한 설명이 될 수 있다.

　애니미즘이 집단의 질서에 대한 단초를 제공하고 토테미즘이 집단의 동질성을 제시했다면 샤머니즘은 집단을 통합하고 인솔할 수 있는 카리스마, 즉 정치권력의 시작을 알렸다. 모든 정치권력에 있어 중요한 것은 대의명분이다. 사회에 소속된 구성원들이 그 권력을 수긍하고 자신을 의탁할 수 있는 명분은 사회를 통합하고 단일한 정치 공동체를 탄생시킨다. 중세와 근대의 정치가 생명과 안전을 그 가치로 했다면 현대 정치에서는 자유, 민주 등이 정치권력의 명분이 된다. 이러한 명분의 바탕에서 국가와 법 그리고 정치가 성립된다. 샤머니즘은 바로 이런 명분을 제공한 최초의 사례라 할 수 있다.

　샤먼은 자연과 신의 가치를 사람들에게 안내하면서 집단이 공동으로 지키고 보존해야 하는 가치를 지정했다. 사람들은 이렇게 제시된 가치 아래서 서로에게 동료의식을 느끼며 하나의 공동체가 되었다. 이들은 샤먼에게 권력을 부여했지만 이는 피지배만을 뜻하는 것이 아니라 안전한 사회를 구성한다는 소속의식과 그 집단의 가치의 탄생을 의미하기도 한다. 따라서 샤머니즘의 탄생은 정치의 탄생이기도 했다.

샤머니즘은 유럽의 드루이드, 동아시아의 제사장으로서 왕, 아메리카나 동남아의 부족장으로 자리 잡으며 고대 정치의 핵심이 되었다. 그러나 고등 종교와 세속 정치권력의 탄생으로 샤머니즘은 점차 정치적 의미를 잃기 시작하다가 무속, 점술의 형태로 그 역할이 축소되었다. 서구의 핼러윈이나 동양의 무속 등은 샤머니즘의 흔적이다. 그러나 이러한 흔적에도 정치적 의미가 있다. 현대의 무속이나 문화로서 샤머니즘의 흔적들은 여전히 사회통합적 의미를 가진다. 명시적이고 의식적인 고등 종교의 체계 이면에서 무의식적이고 집단적인 문화로서 그 사회를 특징짓고 통합을 유지하기도 하기 때문이다. 뿐만 아니라 제3세계의 피억압자들이 열강이나 독재자와 같은 억압자들과 자신을 영적으로 분리하고 집단의 저항과 위로를 도모하는 역할을 하기도 한다. 중남미의 부두교에서 볼 수 있듯, 현대 사회에서 샤머니즘의 이런 모습은 고대 사회에서처럼 독자적인 샤먼의 지도로 나아가는 것이 아니라 기독교와 같은 고등 종교와 결합해 사회적 설득력을 더욱 강화하기도 한다.

오늘의 키워드
동양의 신화

인문주의와 권력의 자격

한국과 중국의
신화와 정치

#동양_신화 #반고 #마고할미 #삼황오제 #단군_신화

한국과 중국의 신화와 다른 나라들의 신화 사이에 가장 큰 차이점은 무엇일까? 한국과 중국의 신화는 다른 신화들과 달리 창세신화부터 시작하지 않는다는 점이다.

물론 중국에도 반고 신화가 있고 한국에는 마고할미 신화가 있기는 하다. '반고'는 중국 신화에서 천지를 창조한 신이다. 태초의 세상은 하늘과 땅이 구분되어 있지 않은 달걀 모양의 혼돈 상태였고, 반고는 그 속에서 태어났다. 그로부터 1만 7,000~1만 8,000년 뒤 천지개벽이 일어나면서 반고의 머리와 팔다리는 산과 들로, 피와 눈물은 강과 하천으로, 두 눈은 해와 달로, 털은 나무와 숲으로 바뀌는 등 그의 온몸이 세상의 일부를 이루었다. 우리나라의 창조신화인 마고할미 역시 하늘과 땅이 없는 혼돈의 세상에서 하늘과 땅 그리고 해와 달을 만들었다고 전해진다.

그러나 이 두 신화는 고대 중국인과 한국인의 주류 의식은 아니었다. 반고 신화는 우리에게 삼국지로 잘 알려진 삼국시대의 오나라에서 처음 등장했으며, 이는 주나라 이전으로 거슬러 올라가는 '삼황오제'의 신화보다 더 나중의 일이다. 우리나라의 마고할미 신화 역시 주요 기록은 조선시대의 문학에서 찾아볼 수 있으며, 구전은 더 오래되었을지라도 단군 신화에 비하면 비주류적 신화다.

그러면 창세신화보다 더 오래되었거나 더 주류적 신화인 삼황오제 신화와 단군 신화의 공통적 특징은 무엇일까? 바로 신의 관점이 아닌 인간의 입장에서 인간사회의 구성과 그 통치에 더욱 주안점을 두고 있다는 점이다. 삼황은 구전과 기록에 따라 다른데, 보통 복희씨伏羲氏·수인씨燧人氏·신농씨神農氏 혹은 복희씨·신농씨·여와 등을 말한다. 삼황은 최초의 왕도 아니고 연속된 왕들도 아니다. 중국 신화 속 수많은 초기 왕들 중 훌륭하다고 평가받는 세 명의 왕이다. 복희씨는 인간에게 사냥법과 불의 사용법을 가르쳤고, 수인씨는 그 불로 음식을 익혀 먹는 법을 가르쳤으며, 신농씨는 농경을 가르쳤다고 한다. 여기에서 우리는 중국 사회가 수렵채집에서 농경으로 전환되어가는 모습을 볼 수 있기도 하지만, 이들 왕이 자신의 적통성을 신과 연결된 혈통이 아니라 업적을 통해 증명하는 모습을 확인할 수 있다.

오제로 꼽히는 황제, 전욱, 제곡, 요, 순 역시 성군으로서 얼마나 정치를 잘하느냐에 의해 그 권위가 부여되었다. 황제는 법과 옷 짜는 법, 수레를 발명하고 글자의 개념을 처음 도입했다고 전해진다. 전욱은 신과 인간을 연결하는 통로를 무너뜨렸으며, 법의 엄격함을 세웠다고 한다. 제곡은 사람들에게 음악을 알려주었다. 마지막으로, 연속으로 왕위를 이어받은 요와 순은 치수사업과 모범적인 통치술로 인구에 회자된다. 삼황이 인간의 생존 문제를 다루었다면 오제는 인간의 복리福利를 위해 노력했다.

사마천은 《사기》에서 '삼황'은 신화로 보아 다루지 않았으나 '오제'는 〈본기本紀〉로 다루면서 역사로 인식했다. 그러나 오제 역시 신화적 요소가 강한 것은 사실이다. 다만 여타의 신화적 인물과 비교해 이들이 지닌 가장 큰 차이는 고대의 신화적 세계를 지배하는 인간적인 왕이었다는 점이다. 중국인들이 자신의 시조로 여기는 황제는 인간뿐 아니라 귀신까지 다스렸으며, 전욱은 신과 인간의 세계를 구분함으로써 신의 일과 인간의 일을 나누었다. 그리고 뒤를 이은 요, 순은 신의 세계와 관련된 요소보다 인간사에 대한 편리와 고대 사회의 질서를 확립하는 데 힘썼다.

오제는 고고학적으로 증명되지 않는 존재다. 그리고 이들은 신화

삼황오제에 대한 상상도

삼황오제는 전 세계 신화 속 인물들 중 가장 인간적이다.
그들은 우선 신이 아니다. 삼황은 그나마 동물의 모습이 결합된 신화적 성격을
가지고 있지만, 오제는 그 외형과 역할 모두 인간의 모습을 띠고 있다.

처음 하는 정치학 공부

적 요소가 더 많은 인물들이기도 하다. 그런데 이들이 가진 독특한 특징은 신적 능력을 과시하기보다 오히려 신과의 관계를 절연하고 인간의 삶을 스스로 개척하려는 모습을 보인다는 것이다. 황제는 인간으로서 귀신을 부렸고, 전욱은 아예 신과 인간의 세계를 나누어버렸다. 고대 중국인의 사고에서 중요한 것은 눈에 보이지 않는 신의 세계가 아니라 현실적인 권력과 통치능력이었고 그것이 신화에 반영된 것으로 보인다. 이런 고대 중국인들에게 창조신화는 흥미가 떨어졌을 것이다. 세상의 창조라는 철학적 주제에 관심이 없었다기보다는, 현실의 정치적 권위가 창조자로서의 신의 권위가 아니라 실질적인 통치능력에서 비롯된다는 인식이 더 강했던 것으로 보인다.

요임금과 순임금은 유가와 도가 모두에서 뛰어난 지도자로 평가받는데, 이들은 자신의 권력을 자손이 아닌 신하 중 능력이 뛰어난 이에게 양도했다. 순임금을 이은 우임금 역시 뛰어난 통치를 했다고 전해지나 오제에 들지 못한 이유가 요, 순과 달리 자신의 아들에게 왕위를 계승했기 때문이라는 것이 정설이다. 간단히 말해, 중국 신화에서 나타나는 정치에 대한 고대인들의 정서는 통치자의 자격을 신이나 혈통이 아닌 통치능력에 두고 있다는 것이다. 따라서 고대 중국인들에게, 아무리 왕가의 혈통을 받았다 하더라도 백성을 다스리는 능력과 덕을 가지지 못하면 왕으로서 인정받지 못할 수도 있었는데, 이것이 훗날 맹자의 역성혁명론으로 발전하게 된다.

한국의 신화는 중국 신화에 비해 신의 자손이 현실을 다스린다는 천손사상의 성격이 강하기는 하다. 그러나 환웅은 환인의 적자가 아닌 서자이며, 신과는 거리가 먼 웅녀라는 존재와의 결합을 통해 현실의 권력자인 단군왕검을 낳는다. 단군 신화에서도 천지창조와 같은 신의 영역은 관심 밖이다. 환인과 같은 신의 이야기는 제정일치 사회에서의 현실권력을 설명하는 최소한의 장치로 보일 뿐, 농경에 필수적인 풍백우사를 거느리고 정치의 목표를 '신의 영광'이 아닌 널리 인간을 이롭게 한다는 '홍익인간'으로 한다는 점은 고대 사회에서 상당히 독특한 점이다. 서구의 그리스 신화나 기독교에서는 신적 질서가 인간사회에 실현되는 것이 훌륭한 정치라면, 중국과 한국의 신화에서 훌륭한 정치란 구체적인 인간 삶의 복리가 잘 운영되는 것이었다.

서양과 동양의 신화 모두 사회를 통합하려는 목표를 가지고 있다. 그러나 신이라는 개념으로 사회를 통합하려는 서구의 신화와 달리, 동양 특히 중국의 신화에서는 그 통합의 대의명분으로 실제적인 통치능력이 제시되고 있다. 분열적이었던 고대 지중해 사회나 로마 멸망 이후 분열된 유럽 사회처럼 고대의 서구 사회에서는 정신적 통합이 가장 필요했고, 이를 위해 신을 통한 단일한 권력의 순수성, 정통성을 추구했다. 반면 하, 은, 주 통일시대의 권력 교체 혹은 춘추전국시대의 패권장악이라는 배경하에 중국은 권력의 정통성보다는 새로이 등장한 권력자의 자질과 능력을 더 내세울 필요가 있었다. 즉 잦은 권력 교체에 대한 정당성 부여가 인문주의를 견인했고, 인간 중심의 신화라는 독특한 사상체계를 낳은 것이다.

오늘의 키워드
서양의 신화

인류 지성사의 원초적 흐름

서양의 신화와 정치

#그리스_로마_신화 #우라노스 #크로노스 #제우스

그리스·로마 신화는 재미있는 이야기와 교훈으로 수천 년간 남녀노소 불문하고 많은 사랑을 받고 있다. 그러나 그리스 신화는 단순한 전래동화가 아니라 고대 서구인들의 정신세계와 정치·사회 사상을 담고 있다. 신화는 자연과 사회현상에 대한 당시로서는 가장 이성적이면서도 대중적인 설명 방식이었다. 신화에 의하면 새벽의 신 '에오스'가 어둠의 장막을 걷고 여명을 밝히면 태양의 신 '헬리오스'가 태양마차를 끌고 동쪽에서 서쪽으로 이동한다고 했는데, 이는 곧 태양의 운동에 관한 묘사다. 허무맹랑한 설명이라고 생각하겠지만, 인류는 태양계 행성들의 위치가 바뀌고 크기가 변화

처음 하는 정치학 공부

하는 것을 설명한 고대 그리스의 천문학자 프톨레마이오스Ptolemaios Claudios(100?~170?)의 천동설을 1,500년 넘게 '과학'으로 인정해왔다. 영국의 물리학자 뉴턴Isaac Newton(1643~1727)의 일부 이론이 아인슈타인 Albert Einstein(1879~1955)에 의해 반박되었다고 해서 현재 아무런 의미가 없는 게 아닌 것처럼 신화는 인류 지성사의 원초적 흐름으로서 나름의 의미가 있다.

그리스 신화는 존속살해, 막내의 권력계승, 근친혼에 따른 권력 구성 등 현대적 관점에서 이질적이고 괴이하게 보인다. 그리스 신화의 권력의 계보는 우라노스에서 크로노스로 그리고 다시 제우스로 이어진다. 하늘을 관장하는 우라노스는 대지의 신 가이아 여신에게서 태어나 다시 가이아 여신과 결혼을 하고 티탄족 12신 등 다양한 신들을 탄생시킨다. 보통의 다른 신화들은 하늘이 지상으로 내려오는 구조를 가지지만 그리스 신화는 땅에서부터 하늘이 탄생한다는 독특한 세계관을 가지고 있다.

우리의 단군 신화를 보면 환인의 아들 환웅이 풍백, 우사, 운사와 무리 3,000명을 이끌고 하늘에서 내려와 역사를 시작한다. 이는 다른 나라 신화에도 흔히 등장하는 레퍼토리다. 그러나 그리스 신화에서는 하늘의 신 우라노스가 땅에서 만들어졌을 뿐 아니라 그 이후 시간의 신 크로노스와 여타의 태초의 신들 대부분이 가이아로부터 탄생했다.

여기에서 우리는 현실 세계를 중요시하는 그리스인들의 사상을 엿볼 수 있다. 천국을 완전한 세계, 이승을 불완전한 세계로 보는 기독교와 달리 그리스 신화의 세계관에서는 현실에 가장 큰 가치를 부여하고 있음을 알 수 있다. 일례로 올림포스 12신에는 저승을 관장하는 하데스가 빠져 있다. 제우스가 주관하는 현실의 세계가 하데스의 세계보다 높은 지위에 있다는 것은 곧 그리스인들이 현실 세계의 질서와 문제를 가장 중요시했음을 보여준다.

이러한 사고에 바탕을 둔 그리스 신화를 관통하는 고대 서구인들의 정치의식은 크게 두 가지다. 하나는 혁명이고 다른 하나는 집단통치의식이다. 하늘의 신 우라노스는 아들 크로노스에게 왕좌를 찬탈당하고, 크로노스는 다시 자신의 아들인 제우스에게 추방당한다. 이렇듯 그리스 신화에서 왕좌의 계승은 반란과 혁명을 통해 진행된다.

우라노스는 자신과 가이아 여신 사이에서 태어난 외눈박이 괴물 키클로페스 3형제와 50개의 머리와 100개의 팔을 가진 헤카톤케이레스 3형제에게 위협을 느껴 세상에서 제일 아래 있는 타르타로스에 그들을 가뒀다. 이에 분노한 가이아는 티탄족 12신들에게 반란을 제안하지만 우라노스를 무서워한 모든 자식들이 거절하다가 결국 막내인 크로노스가 제안을 받아들여 반란에 나선다. 크로노스는 우라노스를 급습해 그의 성기를 잘라냄으로써 권력을 장악한다.

신들의 회의
(라파엘로 산치오, 1517년)

그리스·로마 신화는 고대 그리스와 로마의 민주주의와 공화정의 특성을
반영하고 있다. 제우스는 신들의 왕이지만 그 권력을 올림포스 12신과
나누고 있으며, 기독교 등 다른 종교의 신들과 달리 전지전능한 존재가 아니다.

우라노스의 성기는 사회적 권력을 상징한다. 오스트리아의 정신분석학자 프로이트와 프랑스의 정신분석학자 라캉Jacques Lacan(1901~1981)은 아버지의 성기(Phallus: 팔로스)가 가지는 사회적 의미를 정신분석학적으로 설명한다. 어린아이가 어머니의 사랑을 독차지하고 싶어 하지만 아버지라는 존재에 의해 좌절하는데, 이때 아버지의 위치와 권력을 상징하는 것이 바로 아버지의 성기다. 아이는 어머니가 욕망하는 것은 자신이 아닌 아버지임을 깨닫고 아버지의 성기를 닮고자 한다. 이것이 정신분석학에서 말하는 오이디푸스콤플렉스로, 어린아이가 사회를 받아들이고 자아를 형성하는 원리를 설명해준다.

아버지의 '팔로스'를 추구한다는 것은 아버지의 법, 즉 사회적 규율과 율법을 받아들이고 그것이 어머니가 바라는 모습임을 인지해간다는 의미다. 다만 애당초 아버지의 팔로스는 자신의 것이 아니기 때문에 개인은 사회 속에서 완전한 충족을 이룰 수 없다. 아이는 아버지의 성기를 인식하는 동시에 자신의 성기가 거세당할지 모른다는 강박에 휩싸이는데 프로이트는 이것을 '거세 불안castration anxiety'이라고 말했다. 이런 거세 불안은 아이가 사회와 법의 권위를 인정하고 그 논리를 자신의 무의식에 담아 스스로 그 권위에 복종하게 만든다.

그리스 신화에서 크로노스가 우라노스를 거세하는 장면은 오이디푸스콤플렉스와 거세 불안이라는 인간의 정신적 특성을 보여줌과 동시에 아버지를 거세함으로써 그것을 극복하는 정치적 결단의 모습을 드러내보이기도 한다. 우라노스를 거세한 크로노스는 자식들을 견제해 통째로 잡아먹지만, 그의 막내아들인 제우스에 의해 삼켰던 모든 자식들을 토해내고 권력을 잃는다. 지배자로서 신들이 자신의 아들을 땅속 깊은 곳이나 자신의 뱃속으로 넣어버리는 것은 기존 질서가 새로운 시각과 세력을 억압하는 모습이라고 볼 수 있다. 그리스인들은 새로운 세대의 등장과 집권을 혁명적으로 인식함으로써 인간사회에서의 권력과 세대 교체에 대한 긍정적 관점을 보여주었다. 기존 질서에 대한 수용과 확신은 그 질서를 벗어나는 것에 대한 공포감을 야기하지만 다른 형제들과 달리 크로노스는 용기를 내 반란을 일으키고 자신의 권력을 창출했다.

그러나 크로노스 역시 자식들을 삼키는 만행을 저지르다 실각을 하는데 제우스는 독재적이었던 크로노스와 달리 자신의 권력을 분산해 올림포스 12신들과 함께 세상을 다스렸다. 그리스인들은 왕정보다는 귀족정이나 민주정에 더 큰 가치를 부여했는데, 이는 제우스가 세상을 통치하는 방식으로 신화 속에 표현된다. 올림포스 12신들은 일종의 귀족정의 한 형태로 권력과 통치를 한곳에 집중시키지 않고 기능과 가치별로 분산했다. 제우스가 집권하고 난 뒤 할머니인 가이아가 두 번의 반란을 획책하지만 제우스는 이를 모두 격퇴하는

데, 이는 구세력에 의한 새로운 집권 형태에 대한 반발과 신진 세력의 승리를 보여주는 장면으로 그리스인들의 정치와 사회의식을 잘 담고 있다.

그리스 신화가 서구 사회에 미치는 영향은 그 외에도 다양하다. 그중 인상적인 것이 독수리 문양이다. 독수리는 제우스를 상징하는 새로, 권력과 통치를 상징하기도 한다. 그래서 독수리는 향후 신성 로마제국, 독일제국, 나폴레옹, 러시아제국, 나치3제국 등 다양한 권력의 문양으로 사용되었고 현재 미국 대통령의 휘장뿐 아니라 이라크, 리비아, 이집트 등에서도 사용되고 있다. 우리나라 경찰의 문양이 독수리인 것도 이런 맥락으로, 그리스 신화는 지금까지도 정치사회 영역에서 많은 영향을 끼치고 있다.

오늘의 키워드
혁명사상

동양 혁명사상의 원조

맹자와 왕도정치

#마오쩌둥 #맹자 #동양의_혁명 #성선설 #정명론

중국은 동북아의 대표적인 국가인 한·중·일 중에서 '혁명'에 가장 익숙한 나라다. 한국과 일본의 경우 반란군이 왕의 목을 치는 일이 드물었지만 중국의 오랜 역사 속에서는 흔한 장면이다. 그리고 사회주의의 수용에 있어서도 중국은 삼국 중에서 사회적 반발이 가장 적었다. 한때 수세에 몰렸던 마오쩌둥Mao Zedong(1893~1976)의 중국공산당이 태세를 역전할 수 있었던 배경에도 중국의 일반 농민과 노동자들에게 마오쩌둥의 혁명적이고 급진적인 사상이 쉽게 받아들여졌던 것이 한몫을 했다.

그러한 배경에는 중국의 오랜 통치이념이었던 유가사상, 그중에서도 맹자의 영향이 있었다는 설이 유력하다. 맹자는 왕조가 바뀌는 역성혁명의 정당성을 주장한 최초의 철학자다. 그의 사상은 한나라의 통치이념으로 자리 잡았는데, 한나라는 중국의 문화와 사상의 원류로서 중국인의 정신적 뿌리 역할을 하는 고대 국가다. 그렇다면 군사부일체君師父一體를 말하는 유가의 대표적 철학자 맹자는 혁명에 대해 어떻게 논했을까?

일반적으로 맹자 하면 떠오르는 것이 바로 '성선설'이다. 맹자의 혁명이론은 바로 이 성선설에서 출발한다. 맹자와 그 제자들이 저술한 것으로 여겨지는 《맹자》의 〈공손추 상〉 편을 보면 아래와 같은 내용이 있다.

맹자가 말했다. 사람은 모두 남에게 차마 어찌하지 못하는 마음을 가지고 있다. 선왕께도 차마 어찌하지 못하는 마음이 있으셨기에 남에게 차마 어찌하지 못하는 행동이 있으셨다. 이 불인인지심不忍人之心으로 불인인지정不忍人之政을 행한다면 세상을 다스리는 일은 손바닥을 뒤집는 것보다 쉬울 것이다.

물에 빠진 아이를 본다면 누구나 측은한 마음을 가지는데 이는 그 부모와의 관계를 위해서도 아니고, 명성을 얻고자 해서도 아니며, 비난의 소리가 싫어서도 아니다.

측은지심이 없으면 사람이 아니고, 수오지심이 없으면 사람이 아니고, 사양지심이 없으면 사람이 아니고, 시비지심이 없으면 사람이 아니다.

물에 빠진 아이를 본 찰나의 순간 '앗' 하고 드는 느낌을 맹자는 측은지심이라고 말한다. 그 짧은 순간 여러 가지 계산이 들기도 전에 가슴에서 생겨나는 그 마음은 후천적이거나 사회적인 어느 욕망보다도 먼저 반응한다. 이러한 마음이 자라나면 유가의 핵심 윤리인 인仁이 된다. 맹자는 인간이라면 누구나 이런 측은지심을 가지고 있다고 보았는데 흔히 알려진 것처럼 '성선설'은 인간의 구체적인 선한 마음과 행동을 말하는 것이 아니라, 그런 행동을 할 수 있는 단초로서 측은지심을 가진 것을 말한다.

수오지심은 자신을 부끄러워하는 마음이며 의義의 단초가 되고, 사양지심은 사양하는 마음이며 예禮의 단초가 되고, 시비지심은 옳고 그름을 구별하는 것으로 지知의 단초가 된다. 맹자는 바로 이런 마음이 인간이라면 누구나 가져야 하는 것이며, 이를 갖추지 못한 자는 인간이 아니라고 했다. 중요한 사실은 맹자가 이런 말을 왕에게도 했다는 점이다. 그는 임금이 측은지심을 가지지 못하면 사람이 아니기 때문에 임금으로서 자격이 없다고 했는데, 이는 곧 임금을 천자, 즉 하늘이 낸 사람이라고 여기던 당시에 상당히 파격적인 주장이었다. 자칫 고리타분할 수 있는 유가의 윤리 이야기일 수 있는

하나라 걸왕

중국에서는 황제라도 주지육림(술로 연못을 이루고 고기로 숲을 이룬다는 뜻으로,
호사스러운 술잔치를 의미)을 누린 하나라의 걸왕이나 상나라 주왕과 같이
순리를 따르지 않는다면 그 자격을 인정받지 못했다. 이것은 중국의
수많은 역성혁명을 정당화시키는 논리가 되었다.

처음 하는 정치학 공부

앞의 인용문이 왕에게 제시되는 순간 살벌한 상황이 벌어질 수 있다. 실제로 《맹자》의 〈양혜왕 하〉에는 이런 내용이 나온다.

제나라 선왕: 탕왕(은나라)이 폭군 걸왕을 쫓아내고, 무왕(주나라)이 폭군 주왕을 정벌하였다 하니 그런 일이 있습니까?

맹자: 경전에 있습니다.

제나라 선왕: 신하가 그 임금을 시해해도 됩니까?

맹자: 인을 해치는 자를 적이라 말하고, 의를 해치는 자를 잔이라 말하고, 잔적한 자를 일부(필부)라 말하니 한낱 필부인 폭군 주라는 인간을 죽였다는 말은 들었으나, 군주를 시해하였다는 말은 듣지 못하였습니다.

맹자는 정명론*의 입장에서 군자, 선비, 대인, 소인의 역할을 제시했다. 만인이 평등하지 않다는 당시의 시대상을 인정하면서도 각 계급은 그에 맞는 역할과 도덕적 자질을 갖추어야 한다고 설파했다. 이렇듯 맹자는 왕권과 계급을 부정하지 않으면서도 부정한 왕권과 계급을 타파할 수 있는 여지를 만들었다. 각 계급에 부합하는 역할을 하지 못할 경우 자격이 없는 것이 되기 때문에 그 계급적 권위를

● 중국 사상사에서 제기되는 운명론, 숙명론이다. 일반적으로 인간의 행위, 존재를 포함해 삼라만상은 미리 정해져서 모든 사상의 진행에 인간의 의지, 지력은 전혀 무력하다고 본다.

상실하는 것이 당연해졌다. 이는 왕에게도 해당하기 때문에 왕권은 신성불가침한 것이 아니라 선정을 베풀지 못하면 언제나 쫓겨날 수 있는 것이 되었다. 이런 맹자의 역성혁명이론은, 같은 시기에 신화적 논리로서 혁명을 정당화한 그리스·로마의 사고방식에 비해 훨씬 더 이성적이며, 철학적인 담론이었다.

맹자의 혁명이론은 사회 모든 계층의 욕망을 반영했기 때문에 헤게모니를 가질 수 있었다. 왕과 대부, 선비들의 입장에서는 통치의 역할을 인정받음으로써 피지배층에 대한 그들의 지배를 합리화해주는 동시에 그들이 자신의 경쟁자를 견제할 명분을 제공했다. 그러나 그 이면에서는 그들에게 도덕 실천을 통해 자아실현이라는 책무를 부여하면서 백성들의 이익을 추구했다.

피지배층이었던 백성의 입장에서도 맹자의 혁명이론은 신분 상승의 기회를 제공했을 뿐 아니라 당시 단순히 노동의 도구로 여겨지던 백성을 도덕적이고 정치적인 주체로 거듭날 수 있는 가능성을 지닌 존재로 격상시키면서 백성에 대한 새로운 시각을 제시했다.

아울러 맹자는 전쟁과 약탈이 빈번한 전국시대에 힘에 의한 정복이 아닌 도덕을 통한 통치가 유효하고 안정적 국가를 이룰 수 있다는 것을 당시 지배층에게 일깨워줬다. 이런 맹자의 사상을 한나라 이후 중국의 많은 왕조에서 통치이념으로 삼게 되면서 백성과 민생에 대한 국가적 책임이 국가의 중요한 책무로 자리 잡게 되었다.

처음 하는 정치학 공부

오늘의 키워드
반전평화주의

반전평화사상의 원조

묵자와 겸애

#묵자 #묵가집단 #춘추전국시대 #겸애

약육강식의 시대였던 중국 춘추전국시대 당시, 강국은 약소국을 정복하면서 세력을 확장했고 약소국은 정복당하지 않기 위해 부국강병에 애썼다. 이때 제자백가들은 대부분 부국강병의 논리를 펼쳤기 때문에 공자의 유가를 포함한 대부분의 학파들은 지도자와 지배층을 위한 학설을 설파했다.

그런 시대에 묵자는 약자와 반전평화를 외친 학자이자 정치가였다. 묵자는 생몰일이 잘 알려져 있지 않지만 공자보다는 뒤고 맹자보다는 앞선 것으로 추정된다. 본명으로 알려져 있는 '묵적'도 본명이 아니라는 설이 많다. 한자 '묵墨'은 '검다'는 의미가 있어서, 묵자가 피부가 검은 노동계층이었거나, 죄인의 얼굴에 죄명을 먹으로 새기는 '묵형'이라는 형벌을 받은 자라는 설도 있다. 귀족들은 묵형을 받지 않았기 때문에 둘 중 어느 경우라도 묵자의 신분이 높지 않았음을 추측해볼 수 있다.

묵가는 수백 명의 무리를 이루는 정치집단이었는데, 이들은 강대국이 약소국을 침범하면 약소국을 위한 방어전쟁에 참여했다. 그 집단의 우두머리를 '거자'라 불렀는데 묵자는 묵가집단의 초대 거자였다. 거자는 선임 거자가 추천하거나 구성원들이 직접 선출하기도 했다. 묵가집단은 초나라와 송나라의 전쟁, 형나라의 내분 등에 관여하며 약소국 민중의 생명을 지키기 위해 노력했다.

묵가는 하급 무사들로 이루어진 집단이었고 불리한 전쟁에 참여하는 조직이었기 때문에 이들의 단결과 조직력은 상당히 중요한 요소였다. 소수의 군사로 다수를 상대하기 위해서는 조직된 힘이 필요하고 누구 하나라도 이탈하거나 무너지면 전체가 위험해졌다. 묵가의 사상은 이러한 목숨을 건 동고동락의 경험에서 나왔다.

묵가의 핵심 사상은 '겸애'다. 겸애는 '내 부모를 섬기듯 모든 노인을 섬겨라'라는 무차별적 사랑을 뜻하는 것으로 가족에 대한 우선적 사랑을 말한 유가의 사상과 구별된다. 묵가라는 무사집단의 생존은 차별적 사랑으로는 유지될 수 없다. 그런 집단에서는 누구 하나 중요하지 않은 사람이 없었을 것이며, 묵자는 이러한 분위기에서

묵자와 겸애

《묵자》〈공수〉 편에 나오는 묵자와 공수반의 논쟁 장면.
패자의 논리가 천하에 펴져나갈 때, 묵자의 사상은 약자를 위한
반전평화사상으로 행동하는 양심이었다.

자신의 철학을 만들어간 것으로 보인다.

묵자는 자신을 위하듯이 남을 위하고, 자신의 나라를 위하듯이 남의 나라를 위한다면, 천하가 이로워져서 결국 그 이익이 자신에게 돌아오고 세상이 평온해질 것으로 보았다. 공자와 맹자를 비롯한 유가에서는 인간의 본성적 감정을 기반으로 자신의 가족과 공동체에 최선을 다하라고 가르치는데, 묵가는 이런 자기중심적 감정 때문에 욕망이 커지고 사회의 혼란이 일어난다고 보았다.

묵가집단은 이런 무차별적 사랑을 국가 단위로 실현하기 위해 강력한 통치자의 규제가 필요하다고 보았다. 그들은 사람들의 이기적인 감정을 누르고 보편적인 사랑을 실천하기 위해서는 가장 현명한 사람에게 권한을 집중해야 한다고 주장했다. 권력자를 선출하는 방법으로 제시한 것은, 각 마을에서 가장 현명한 사람을 뽑고 다시 그들 중에서 가장 현명한 사람을 뽑자는 것이었는데, 이는 당시로서는 민주적 선출 방식으로 권력을 중앙집중화하는 획기적인 방편이었다. 또한 중앙집중식 권력구조로 당시 혼란스러웠던 춘추전국시대를 종식하고자 한 의지의 표현이기도 했다.

이런 사고의 영향으로 묵가집단은 거자에게 많은 권한을 주고, 구성원들은 복종했다. 거자는 구성원의 생사여탈권까지 가졌다. 묵가집단은 검소하고 엄격히 통제된 생활을 했다. 여름에는 베옷, 겨울에는 사슴가죽 옷만 입었으며 음식은 옥수수밥이나 조밥에 간단한

국만 먹었다. 노래나 오락은 금지되었고 집을 화려하게 치장하는 것 또한 금지되었다. 또한 유가에서 장례를 성대히 그리고 오래 치르는 것에 대해 강력히 비판했다. 장례로 인해 재산을 탕진하고 삼년상 등으로 산업이 부진해진다는 이유였다.

묵가집단이 이러한 생활을 한 이유는 전쟁이 빈번하던 당시 유희와 화려한 생활은 타인에 대한 수탈 없이는 불가능할 뿐만 아니라 결국 환락과 과잉된 장례제도는 지배층만이 가능했던 사치였기 때문이다. 따라서 묵가는 장례를 잘 치르면 조상이 복을 준다는 등의 운명론을 거부했다. 물론 고대의 사상이다 보니 신령적 존재로서 '하늘' 자체를 부정한 것은 아니지만 묵가에게 하늘은 인간사회에 진리를 제시하거나 개입하는 존재가 아니라 남을 위한 참다운 삶을 살았는지 아닌지 살펴보는 '감독'의 역할에 그쳤다.

그들은 겸애를 실천하기 위해 오로지 타인을 위한 삶을 살았다. 구성원 중 누군가가 어느 나라에서 벼슬을 하게 되면 봉급의 일부를 집단을 위해 바쳤으며, 그 구성원이 침략전쟁에 참여하게 되면 거자에게 소환되어 벌을 받기도 했다.

묵가의 이러한 사상은 춘추전국시대 피지배층에게 큰 호응을 받으며 널리 퍼져나갔다. 오죽했으면 맹자가 "천하가 묵적과 양주의 사상으로 가득하다"고 한탄했을 정도다. 반면에 묵가의 사상은 지배층에게는 달갑지 않은 것이었다. 묵가가 지배층의 권력과 향락을 비판할 뿐 아니라 전쟁에도 직접 참여해 뛰어난 방어기술로 강대국의 전쟁에 훼방을 놓았기 때문에 지배층에게 묵가는 성가신 눈엣가시 같은 존재였다.

따라서 춘추전국시대가 몇몇 강대국의 시대로 재편되고 나중에 진시황에 의해 천하가 통일되자 묵가의 세력과 영향력은 급속히 작아지기 시작했다. 강대국의 권력자들은 묵가의 사상을 배척했고 묵가에게 편의를 제공하던 약소국이 멸망하면서 묵가는 군사집단으로서는 거의 무의미해졌으며, 진나라 이후 한나라가 천하를 통일하고 유가를 통치이념으로 삼자 묵가는 협객이나 비밀결사의 형태로 그 명맥만 이어갔다.

묵가의 사상은 계급을 초월한 보편적 사랑과 실천적 반전평화를 이야기했다는 점에서 시대를 너무 앞서갔다는 평을 받기도 하지만 전쟁과 수탈이 빈번했던 춘추전국의 시대상을 가장 적극적으로 고민하고 해결하려 노력한 사상이기도 하다.

그러나 묵가 사상의 순결한 지점에도 불구하고 그들이 더욱 확산되고 계속 이어질 수 없었던 것은 단순히 사회 지배층이 외면했기 때문만이 아니라 인간의 이기심과 같은 감정을 외면하고 철저한 통제로서 조직을 이끌려고 했던 경직성 때문이기도 했다. 현실 사회주의가 그 이상에 비해 오래가지 못했던 것처럼 강한 조직성과 이성적 판단만으로는 작은 조직을 넘어 사회라는 거대 공동체를 이끌기에는 여러 한계가 있기도 했다. 하지만 2,500년 전 평등과 평화를 이야기한 그들의 주장은 여전히 유효하며, 많은 울림으로 남아 있다.

오늘의 키워드
법치

신화의 세계를 벗어나 인간을 조직하다

법가와 법치

#모순 #한비자 #법치 #덕치 #이기심 #상앙 #진나라

초나라에 창과 방패를 파는 사람이 있었다. 그는 창을 가리키며 "이 창은 뚫지 못하는 방패가 없는 천하무적의 창입니다"라고 말하고 나서 잠시 뒤에는 방패를 가리키면서 "이 방패는 막지 못하는 창이 없는 무적의 방패입니다"라고 말했다. 구경하던 이가 "그 창으로 그 방패를 찌르면 어떻게 되는가?"라고 묻자 상인은 아무 말도 못했다고 한다.

우리가 흔히 알고 있는 '모순矛盾'에 대한 설화다. 그런데 이것이 법가가 유가를 비판하기 위해 제시한 설화라는 사실은 잘 알려져 있지 않다. 앞 내용은 중국 춘추전국시대에 법가의 한비자가 쓴 《한비자》의 〈난세〉 편에 나오는 것으로, 유가의 정치사상의 모순점을 지적하기 위해 제시된 것이다. 당시 유가는 주나라의 봉건제 회복과 함께 계급조화론을 주장했다. 이런 주장을 통해 유가는 통치계급에게는 예를 적용하고 백성에게는 법을 적용하자고 했지만 법가가 보기에 이는 모순이었다. 법가의 대표적 주창자인 한비자는 "일괄적이지 못한 법의 적용은 사회 혼란을 초래할 뿐 아니라 국가에 대한 불신감을 일으킨다"고 비판했다.

당시 공자와 맹자는 법치보다 고차원적 통치로서 덕치德冶를 주장했는데. 여기서 덕치는 인간이 본성적으로 가진 덕성을 잘 닦아 이를 바탕으로 통치를 하는 것이었다. 그런데 본성적인 덕을 잘 닦을 수 있는 선비들은 이를 잘 수행하고 받아들이지만 그럴 능력이 되지 않는 일반 백성들은 선비들에게 지도와 통치를 받아야 한다고 말했다.

그러나 한비자는 선비나 관료 등 통치계급과 일반 백성 사이에 본성적 차이는 물론 사고 능력의 차이도 없다고 보았다. 따라서 한비자가 보기에 유가가 말하는 덕치와 법치가 공존하는 정치는 지배층에 대한 특권으로만 작용하고 이에 따라 국가체제에 대한 백성들의 불평과 불신을 낳을 수밖에 없었다.

법가는 인간의 본성은 이기적이라고 간주한다. 그러한 이기심을 그대로 두면 파국을 맞이하지만 잘 조직하면 오히려 사회발전의 추

진시황 그림

동양의 리바이어던으로 불리는 진시황과 진나라는 법치라는 강력한 국가 시스템이
사회통합뿐 아니라 백성들의 삶의 복리를 보장할 수 있다는 믿음에서 출발했다.

동이 된다고 말한다. 당시 사회에서 본성적이라고 생각했던 부모와 자식 간의 사랑, 왕과 신하 혹은 주인과 하인 간의 자애와 충성은 사실 이기심에서 출발해 사회의 안전체계로 작용했다. 한비자에 따르면, 부모는 노후에 자식 덕에 편할 생각 또는 농경사회에서 노동력 증대를 위해 자식이 필요했고 이것이 가족 간 애착의 형태가 되었다. 또한 신하나 하인이 왕과 주인을 위해 일하는 것은 그가 본성적으로 충실해서가 아니라 그 일에 대한 대가를 받기 때문이고, 왕과 주인이 신하와 하인에게 잘 대우하는 이유는 그들이 필요해서다. 한비자는 인간의 이기심은 평소 욕망이나 취향 등을 뛰어넘은 행위를 하게 하고 오히려 그것이 사회를 구성하는 힘이 된다고 보았다.

> 뱀장어는 뱀을 닮았고, 누에는 송충이와 흡사하다. 사람들은 뱀을 보면 깜짝 놀라고 송충이를 보면 오싹 소름이 끼치지만, 어부들은 뱀장어를 손으로 주무르고, 여자들은 누에를 손으로 만진다. 이득이 생기기만 하면 사람은 누구나 최고의 용사가 된다.
>
> — 《한비자》 〈설림 하〉

우리 사회에서 이른바 3D라고 불리는 힘들고 고된 일들은 자연 상태에서는 누구도 하려 들지 않을 것이다. 그러나 그것이 자기에게 이익이 된다면 인간은 그 일을 감수한다. 법가는 인간의 이러한 심리를 이용해 국가를 건설하고자 했다. 그러기 위해서는 인간의 이기심을 노동이나 헌신으로 전환했을 때 혹은 그 이기심이 파괴적 행위를 했을 때 돌아오는 대가가 공정해야 했다. 이기적인 마음의 발동으로 헌신적인 행위를 했는데 그것에 대한 대가가 균일하게 돌아오지 않는 경우 인간은 앞으로 그런 헌신을 하지 않을 것이기 때문이다. 즉 내가 이익을 얻기 위해 고생했는데 동일하게 일한 다른 사람보다 대우를 받지 못하면 인간은 그 일을 다시 하지 않고 그렇게 대우한 사람이나 집단과 분쟁을 겪을 것이다.

이것이 법가가 '법치'를 주장한 배경이다. 공동체에 대한 사랑과 헌신을 말하는 유가에서는 공동체를 위한 개인의 희생이 정당화될 수 있지만 이기적 존재를 가정한 법가의 관점에서 그런 희생은 불신만 쌓이게 한다.

법가는 만인에게 균등하게 적용되는 법의 가치를 중시한다. 법가의 또 다른 주창자인 진나라의 '상앙'은 작은 나무를 세워두고 이것을 북문까지 옮기는 자에게 10금을 준다는 푯말을 세웠다. 그런 일로 금을 줄 리 없다고 생각한 사람들이 아무도 그 일을 하지 않자, 대가를 50금으로 올렸고 어느 할 일 없는 사람이 실제로 나무를 옮기자 그 포상금을 주었다. 이후 백성들은 작은 법령이라도 잘 따르려 노력했다. 상앙은 훗날 혜문왕이 된 왕자가 법을 어기자 똑같이 처벌하는 등 법의 적용에 예외를 두지 않음으로써 진나라가 훗날

처음 하는 정치학 공부

천하통일을 할 수 있는 내적 역량을 쌓았다.

법가 이전까지 인간에게 어떤 행동을 하게 하는 원동력은 '신화'적 사고였다. 신에게 벌을 받을까 봐 나쁜 행동을 하면 안 됐고 사회의 가치에 수긍해야 했다. 심지어 합리성을 표방한 유가 역시 윤리적 가치의 근원을 천天이라는, 당시의 신화적 가치에 근거를 두었다. 따라서 왕은 천자天子로서 하늘의 뜻을 실행하는 존재였다. 그러나 법가는 이러한 생각들의 허구성과 비합리성을 지적했다. 이기적인 인간들을 조직적·사회적으로 이끌기 위해서는 신화적 가치보다 이성적 가치가 더욱 효과적이며, 그 이성적 가치는 신화적 가치와 마찬가지로 보편성과 균등성을 가져야 하는데 이것이 바로 '법'이라는 것이다.

신화적 가치는 하나라나 주나라 같은 통일된 고대 왕국에서는 사회를 조직하는 데 어느 정도 효과를 발휘했으나, 춘추전국시대와 같은 분열의 시기에는 오히려 서로 자신이 신화적 가치의 계승자임을 주장하기 때문에 그 가치가 자의적이고 지엽적인 것으로 강등된다. 그 결과 춘추전국시대에는 그런 신화적 가치를 대체할 사상들이 대두했고 그 대표적인 것이 유가와 법가였다. 법가는 유가가 최소한의 근거로 삼은 신화적 사고마저 거부하고 균등한 보편적 가치로서 법치를 내세움으로써 진나라의 통일에 결정적 역할을 했다.

그러나 진나라의 억압적 통치와 분서갱유에서 나타나듯 법치는 폭력적 관료제를 낳기도 했으며, 인간의 이기심 외에 감정, 문화 등에 의한 사회의 조직화를 배제했다는 점에서 인간사회를 정확히 분석하는 데는 실패했다. 법치를 앞세운 진나라가 신화적 세계인 춘추전국시대를 종결시키는 일에는 성공했지만 이를 유지하는 데는 실패하고 인간의 현실적 감정과 관계를 중시한 유가와 한나라가 중국 역사의 토대를 구축했다는 점은 법가의 의의와 한계를 동시에 보여준다.

법가는 인간의 이기심을 발견하고 신화가 아닌 법을 통해 분열적인 사회에 통일된 가치관을 제시하고 사회를 조직화했다. 하지만 모든 것을 법과 이기심으로 치환하기에 인간사회는 훨씬 복잡했다. 법가는 부족적이고 신화적인 가치가 고대의 문명적 가치로 전환되는 과도기적 역할을 수행했다. 그러나 서양의 중세 봉건사회가 다시금 종교나 계급에 의한 사회적 가치를 내세우자 마키아벨리Niccolò Machiavelli(1469~1527), 홉스Thomas Hobbes(1588~1679)와 같은 근대 정치사상가들이 신화적 가치가 아닌 인간적 가치로서 법과 권력을 다시 주장하고 이를 바탕으로 근대 법치국가들이 형성되었듯, 법가의 사상은 정치와 권력이 신화화되거나 특정 세력에 독점될 때마다 다시금 그 유효성을 역사 속에서 증명하고 있다.

처음 하는 정치학 공부

오늘의 키워드
민주주의

민주주의의 시작

그리스의 민주정

#아테네 #소금_샘 #올리브 #무역 #다수결 #민주주의 #중우정치

민주주의의 시작이자 상징으로 알려진 그리스의 민주주의는 몇 가지 우연이 겹쳐 탄생했다. 이 우연은 그리스 신화에도 잘 담겨 있다. 그리스의 민주주의는 당시 그리스 세계의 맹주였던 도시국가 아테네에서 시작되었다. 아테네의 탄생 신화에 의하면, 신들의 왕 제우스가 아테네의 수호신을 정하기 위해 일종의 공모를 했는데 바다의 신 포세이돈과 전쟁과 지혜의 신 아테나가 지원했다. 포세이돈은 공약으로 소금물이 솟아나는 샘을 아테네에 제시했고, 아테나는 올리브나무를 제시했다. 아테네의 시민들은 아테나 여신의 올리브를 선택했다. 제우스는 아테나 여신의 이름을 따서 아테네의 도시 이름을 정했으며, 아테나는 그 도시의 수호신이 되었다.

소금 샘과 올리브가 상징하는 것은 무엇일까? 바다의 신이기 전에 말의 신이었던 포세이돈은 말 사육에 필수적이었던 소금을 제공하고자 했고 아테나는 무역의 상징인 올리브를 주려고 했던 것이다.

고대 아테네는 처음에 밀과 보리 같은 작물 농사를 지었지만 척박한 아테네의 땅에서 작물은 잘 자라지 않았다. 그리고 도시국가 특성상 넓은 대지가 없었기 때문에 말과 양 등의 목축 역시 여의치 않았다. 그런 까닭에 아테네는 주변의 미케네, 트로이 등에 비해 고대 사회에서 별로 주목받지 못하는 작은 농촌에 불과했다.

그런데 아테네의 주요 농산물이 올리브로 바뀌면서 엄청난 변화가 일어났다. 올리브는 아테네의 땅에 잘 맞았고 풍작을 이루었다. 지중해 사람들에게 올리브는 중요한 작물로서 수요가 높았지만, 밀과 보리와 달리 그 자체로 주식이 될 수는 없었으므로 교환을 해야 했다. 이 교환은 상업으로 이어졌고 바다와 인접한 아테네의 상업은 해상무역으로 발전했다. 그리고 해상무역을 보호하기 위해 자연스럽게 해군력도 향상되었다.

그 즈음인 BC 483년에 아테네 남부에서 대규모 은광이 발견되었다. 이 은광의 수입을 어떻게 할지를 두고 시민들에게 배분하자는 입장과 해군의 함대를 증설하자는 의견으로 갈렸으나, 다수의 시민이 함대 증설에 찬성하면서 아테네는 이 함대를 바탕으로 페르시아

처음 하는 정치학 공부

와의 전쟁에서 승리하는 등 지중해의 패권을 장악할 수 있었다. 그렇다면 해군의 성장과 민주주의는 무슨 연관이 있을까?

고대 아테네에서 전쟁에 참여하는 것은 권리를 의미했으며, 전쟁에 참여한 사람의 사회적 발언권은 절대적이었다. 당시 귀족들은 기병으로, 중산층은 중무장 보병으로 전쟁에 참여하며 자신의 권리와 권력을 쌓아갔으나, 하층민들은 그럴 수 없었다. 하층민은 무장을 할 돈도 없었을 뿐 아니라 전쟁에 나가 있는 동안 수입이 없어지니 전쟁 참여 자체가 힘들었다. 그러나 대규모 해군이 만들어지면서 하층민들이 배의 노를 젓게 되었고 그들의 역할이 커졌다. 그리고 아테네는 자신이 보호해주는 주변 폴리스들로부터 일정한 돈을 받았는데, 이때 발생한 수입으로 노를 젓는 보수를 지급하면서 하층민들의 사회적 발언력도 높아졌다.

그리스는 여성·노예·외국인을 제외한 모든 사람에게 시민권을 부여했지만, 재산에 따라 계급을 나누었다. 최고 자산가인 펜타코시오메딤노이, 자산 300메딤노스 이상인 히페이스, 200메딤노스 이상은 제우기타이, 200메딤노스 이하는 테테스로 나뉘었다. 노를 젓는 하층민이 바로 테테스에 해당했는데, 해상무역과 해군이 성장하면서 테테스 계급도 덩달아 부상할 수 있었다.

애초에 아테네는 왕정이었다. 그리스 신화에서도 대부분의 그리스 폴리스들에는 왕이 있었다. 그러나 왕권이 약화되고 귀족들이 힘을 키우면서 왕을 쫓아내고 귀족정치가 시작되었다. 처음에는 '아르콘'이라는 3명의 귀족 출신 집정관이 다스렸는데, 이들은 행정, 군사, 종교로 그 업무를 구분했다. 그리고 BC 621년경 아테네의 법률가 드라콘에 의해 민회가 처음으로 만들어졌다. 민회는 입법권한을 가진 아테네의 국회 같은 곳으로, 아테네 국정의 핵심을 이루었다. 아르콘과 민회는 왕이 아닌 귀족들이 정치를 좌우하는 기구로, 귀족정의 상징이었다.

그러나 테테스와 같은 하층민들의 발언력이 점차 강해지면서 귀족들의 권한이 약화되던 와중에 BC 462년 스파르타와의 전쟁을 위해 귀족들이 아테네를 떠난 사이 테테스와 급진파들이 손을 잡고 귀족의 권한을 대폭 축소시켰다. 귀족들이 진행하던 재판을 시민들이 참여하고 배심원을 꾸리는 시민법정으로 바꾸었으며, 민회의 문턱도 낮추었다. 그리고 6세기에 이르러 솔론의 개혁으로 모든 시민에게 민회의 참여가 허락되었다. 민회는 9일에 한 번, 1년에 40번가량 개최되었으며, 아테네의 모든 시민이 프닉스언덕에 모여 발언권과 투표권을 행사했다.

한편 전문적인 업무를 요하는 행정부는 500인 회의가 담당했다. 처음의 500인 회의는 무보수였기 때문에 하층민이 참여하기 힘들었으나 점차 보수를 제공하게 됨으로써 참여의 길이 모든 계층에게 열렸다. 500인 회의는 50명씩 10개 그룹으로 나뉘어 1개월씩 행정업

페리클레스의 추도 연설
(필립 폰 폴츠, 1856년)

고대 그리스 민주주의의 핵심은 '연설'이다. 고대 그리스의 직접민주주의에서
가장 강력한 힘을 발휘하는 것은 다수결이 아니라 연설과 토론이었다.
민주주의에서 다수결은 모든 숙의와 토론이 끝난 후 진행되는 절차 중 하나였다.

무를 처리했으며, 이들의 임기는 1년이었다. 아테네의 민주주의는 권력의 독점을 가장 경계했기 때문에, 500인 회의에는 10년에 한 번, 일생에는 단 3번만 참여할 수 있었다.

또한 군사와 재정을 담당하는 공직자를 제외한 다른 관리는 제비뽑기로 뽑았다. 이들의 임기는 1년이었고 재임은 원칙적으로 허용되지 않았다. 제비뽑기는 제우스, 포세이돈, 하데스가 통치지역을 정한 방식으로, 그리스 시민들의 능력과 이성의 평등함을 전제로 했다. 민주주의는 대중과 그 개개인의 능력이 특별한 소수의 능력에 뒤처지지 않는다는 것을 전제로 하는데 제비뽑기는 이런 생각의 최고치를 달린다. 누가 뽑혀도 비슷한 수행을 할 수 있으리라는 믿음과 누구에게나 기회를 주는 평등주의에서 발원한 제도다.

그리스는 모든 시민이 참여하는 직접민주주의, 권력을 분산한 3권분립, 특정인이 권력을 장악하지 못하게 하는 장치 등으로 고대 사회에서 놀라운 민주정치를 실행했다. 현대 민주주의democracy의 어원인 DEMOΣ KPATIA에서, DEMOΣ는 다수, 군중을 뜻하고 KPATIA는 통치를 의미한다. 즉 민주주의는 다수에 의한 통치체계를 의미했다. 알렉산더 대왕 등에 의해 고대 그리스 사회가 붕괴하면서 민주주의는 수천 년간 역사 속에 잠들었지만 인류의 지향점으로 남아 현대 사회에 다시 자리를 잡았다.

아테네의 민주주의는 현대 민주주의에 큰 영감을 주면서도 여러

한계를 낳았는데, 그중 큰 요소는 여성에 대한 배제와 중우정치의 위험이다. 아테네에서 여성의 지위는 인근 스파르타보다 낮았다. 여성도 전사로서 전쟁에 참여했던 스파르타의 경우 여성이 남성과 거의 같은 지위를 가졌던 반면, 아테네에서는 여성의 참정권뿐 아니라 재산권도 크게 제한되었다. 여성에 대한 재산권 제한은 그대로 유럽 사회에 남아 근대까지 이어졌다.

또한 소크라테스와 플라톤이 경계하고 결국 소크라테스의 목숨까지 앗아간 중우정치는 현대 민주주의에서도 경계해야 하는 점이다. 다수가 항상 옳은 것은 아니며, 다수가 판단하는 다수의 이익이 사회 전체의 이익과 반드시 일치하는 것도 아니고, 다수의 감정적 결정이 사회 전체나 소수에게 심각한 해악을 끼치기도 한다. 중우정치는 정치체계의 불안정성을 야기하는 데만 그치지 않고 독재나 전체주의를 정당화하는 논리로도 이용될 수 있어서 그 위험성이 더욱 크다. 대부분의 전체주의는 민주주의가 중우정치로 갈 수 있다는 점을 근거로 독재적, 폭력적 정치를 정당화한다. 실제로 그리스의 500인 회의는 말기에 들어 소수 인원이 독점하기도 했다. 따라서 민주주의가 중우로 흘러가지 않도록 경계하는 것이 고대 그리스의 민주주의를 현대적으로 잘 계승하는 방법이 될 것이다.

오늘의 키워드
공화주의

권력분립과
공공의 통치

로마의 공화정

#민주공화국 #루키우스_유니우스_브루투스 #집정관 #원로원 #호민관

대한민국 헌법 1조 1항은 "대한민국은 민주공화국이다"이다. 그런데 '민주공화국'이라는 말에서 자유, 평등, 다수결 등 '민주'에 대한 개념은 잘 알려져 있지만, '공화국, 공화정, 공화주의'에 대한 개념은 상대적으로 그렇지 못한 듯하다.

공화정은 군주제와 대립되는 것으로 다수의 통치를 말한다. 이때 국가는 왕과 같은 소수의 것이 아니라 공공의 것이 된다. 공화정을 일컫는 영어단어인 'republic'은 라틴어 'respublica'에서 왔다. res는 물건을 뜻하고 publica는 공중公衆, 공공을 뜻한다. 즉 공화정은 공중의 것이라는 의미다. 이는 권력이 소수의 것이 아니라 공중의 것이라는 의미일 뿐만 아니라 시민들 역시 자신의 능력과 권력을 개인이 아니라 공중을 위해 사용해야 한다는 의미도 지닌다. 또한 공화정의 대표적인 성격은 삼권분립과 같은 권력의 분산인데, 이 역시 권력의 독점을 지양하는 공화정의 특징에서 비롯된다. 공화정의 역사는 상당히 오래되었으며, 그 기원은 고대 로마까지 거슬러 올라간다.

고대 로마의 왕정 하에서 왕의 독단과 나약한 사회 통제력은 어느덧 로마의 발전을 저해하는 요소로 자리 잡게 되었고, 로마가 전쟁에 잇달아 패배하면서 왕정에 대한 사회적 불만은 높아져갔다. 이에 루키우스 유니우스 브루투스Lucius Junius Brutus가 BC 510년경 봉기를 일으켜 왕정을 폐지하고 공화정을 선포했다. 이후 공화정은 아우구스투스Augustus(BC 63~AD 14)가 집권한 BC 27년까지 약 450여 년간 로마의 주된 통치 방식이 되었다.

로마의 공화정은 기존 왕정이 가진 한계를 극복하고자 나타난 것으로 귀족 중심의 정치체제다. 아테네의 민주정은 최하층민이었던 테테스도 직접 정치에 참여하는 등 직접민주주의 형태를 취했던 반면, 로마의 공화정은 대농장을 바탕으로 한 귀족들의 정치로 운영되었다. 도시국가였던 아테네와 달리 로마는 광활한 영토를 다스렸기에 사실상 직접민주주의가 불가능했기 때문이다.

로마는 왕을 대신할 통치자로서 2인의 집정관을 1년의 임기로 민회를 통해 선출했다. 이들은 공동으로 통치를 하며 행정권으로서 명

원로원에서 연설 중인 키케로
(체사레 마카리, 1888년)

이 그림은 키케로가 카틸리나를 탄핵하는 연설 장면을 그린 것이다.
카틸리나는 집정관 선거에서 패배하자 상류층에게 무리한 약속을 하며
반란을 계획했으나, 집정관이었던 키케로가 원로원의 비상 결의를 받아내어
카틸리나를 처단했다. 로마 공화정의 핵심은 권력의 분산을 통한
독재와 쿠데타의 방지에 있었다.

령권을 가졌고, 민회 소집과 민회에 입법안을 제출할 수 있었다. 그리고 이 둘은 서로에게 거부권을 행사할 수 있었기 때문에 독재를 상시적으로 방지할 수 있었다. 다만 전쟁이 발발할 시 효율적인 명령 체계를 갖추기 위해 한 명의 집정관에게 권력을 주는 독재관을 임시로 운영했다.

로마의 대표적 권력기관인 원로원은 처음에는 단순 자문기관이었지만, 최상급 신분의 종신의원으로 구성되어 있어 점차 실질적인 지배력을 행사하게 되었고, 1년 임기의 집정관은 집행자의 역할에 머물렀다.

로마의 민회는 입법이나 집정관, 감찰관, 법무관을 임명하는 권한을 가졌다. 처음에는 각 가문을 대표하는 쿠리아 민회로 운영되었으나, 전쟁에 참여하는 시민들로 구성된 켄투리아 민회로 그 중심이 이동했다. 켄투리아 민회는 각 계급의 대표를 민회에 보내 의사결정을 하는 방식이었는데, 계급을 재산의 규모에 따라 193개의 켄투리아로 나누었다. 하지만 그중 98개가 부유층의 켄투리아였기 때문에 하층민의 의사가 반영되기는 어려운 구조였다. 그나마 가볍게라도 스스로 무장할 수 있는 시민들은 민회에 형식적으로라도 참여할 수 있었지만, 자산이 없는 시민에게는 참여의 길이 막혀 있었다. 아테네의 테테스 계급은 배의 노를 젓는 역할로 전쟁에 참여할 수 있었던 반면, 로마의 경우 노예들이 노를 저었기 때문에 전쟁에 무산자 시민의 자리는 없었다.

　이러한 사회적 분위기는 평민들의 불만을 고조시켰고, 급기야 평민들은 전쟁을 거부하고 스스로의 민회, 즉 평민회를 구성해 그 대표로 호민관을 임명했다. 호민관은 집정관의 전횡을 막고 민회와 원로원의 결의에 대한 거부권을 가졌다. 이러한 일을 가능하게 한 것이 보통 '성산사건'으로 불리는 로마 평민들의 봉기인데, 최근 성산사건의 역사적 신빙성에 의문을 제기하는 주장이 많다. 그러나 당시 로마의 평민들이 집단적 불만과 저항을 표출했으며 그 결과물로 호민관 제도가 탄생했다는 것은 명백한 사실이다.

　호민관은 신체에 대한 불가침을 보장받으며 자유롭게 활동했고, 호민관을 해한 자는 사형에 처해졌다. 처음에 민회와 원로회는 호민관을 견제했으나 평민에 대한 통제와 집정관에 대한 견제를 위해 점차 서로 협력하는 관계로 바뀌어갔다. 그리고 나중에는 집정관 2인중 1명을 평민에서 뽑게 하는 등 평민의 권리를 강화했다. 그러나 이 와중에 '프라이토르'라는 직책을 만들어 집정관의 큰 권한이었던 재판권과 입법권을 귀족에게만 부여함으로써 귀족의 권력은 그대로 유지되었다.

　당시 로마의 법은 관습법과 신탁에 의존했다. 따라서 귀족들이나 사제들의 입김이 재판에 큰 영향을 미쳤다. 이에 호민관들은 누구에게나 공평한 성문법을 주장했고, 우여곡절 끝에 로마는 12개의 법을 청동판에 새겨 법제화했다. 이것이 유명한 로마의 12표법이다. 12표법이 새겨진 동판은 갈리아인들의 침공으로 파괴되었지만 그 내용은 전승되고 있다. 12표법은 처음에는 로마인들에게만 유효했으나 점차 로마제국의 모든 영토에 적용되는 성문법으로 자리 잡았다.

로마 공화정은 귀족정치라는 한계를 가지고 있기 때문에 시민의 참정권이나 정치 참여를 제한한다는 점에서 현대 민주주의와는 구분된다. 그러나 로마는 아테네의 실패를 답습하지 않기 위해 민주정을 수정해 자신들의 통치체계를 만들었으며, 평민들의 권리를 보호하고자 호민관을 선출하기도 했다. 현대 민주주의 역시 시민의 참정권과 권리 확산이라는 민주적 가치와 중우정치의 방지와 행정의 전문성이라는 국가 운영의 효율성에 대한 딜레마를 고민하고 있다. 재산과 신분에 따라 참정권을 제한한 로마의 방식을 답습할 수는 없지만, 로마라는 큰 제국을 운영하면서도 시민의 권리에 대해 끝없이 고민했던 그들의 사유와 노력은 여전히 현대 사회에 큰 귀감이 될 만하다.

오늘의 키워드
천년왕국주의

억압적 중세에
파랑새를 꿈꾼 이상주의

서구 사회
혁명운동의 원초

#청년왕국주의 #초기_기독교 #아우구스티누스 #피오레의_요아킴

우리나라에서 천년왕국주의는 다소 낯선 정치이론이다. 하지만 기독교적 전통이 강한 유럽에서는 고대부터 근대까지 지속적으로 이어져온 사상이며, 특히 억압적인 중세에 해방을 꿈꾼 민중들의 이상주의로 큰 영향을 미쳤다.

천년왕국주의는 성서의 〈요한계시록〉 20장에 나오는 그리스도가 재림하여 천년 동안 다스린다는 구절과 〈다니엘서〉의 기존 왕국들이 무너지고 새 왕국의 출현을 암시하는 상징들을 확대 해석해 현실을 극복하는 구원을 기대하는 사상이다.

이 사상은 고대 로마 시대에 등장했다. 예수 사후 로마제국의 억압을 받던 초기 기독교인들이 예수의 재림을 기대하며 시작되었는데, 특히 기독교인들이 로마 대화재의 방화범으로 몰리던 때 '로마가 멸망하고 기독교인들의 평화로운 세상이 온다'는 믿음은 그들에게 큰 위안을 안겨주었다. 초기 기독교에는 구원이 사후에 이루어지는지 현세에 이루어지는지에 대해 정확한 구분이 없었다. 이러한 상황에서 로마제국의 혹독한 탄압을 받던 초기 기독교인들은 종교적 구원을 현실적·정치적 해방과 연결지어 생각하는 경우가 많았다.

그러나 로마제국이 더욱 굳건해지고 심지어 기독교를 국교로 삼으면서 교회의 지위가 올라가자 천년왕국주의는 기독교 주류에서 멀어지기 시작했다. 초기 기독교 철학자 아우구스티누스Aurelius Augustinus(354~430)는 《신국론》에서 〈요한계시록〉의 '천년'은 영원을 의미하는 상징적 숫자이며 천년왕국은 미래에 도달할 지상의 왕국이 아니라 현시대의 교회를 표현한 영적인 세계라고 했는데, 이것이 교회의 주된 입장이 되면서 천년왕국주의는 중세 기독교 사회에서 이단시되었다.

하지만 11세기 말부터 시작된 십자군운동과 14세기부터 대량으로 발생한 가뭄, 기근과 흑사병 같은 전염병의 창궐에 대중의 공포와 불안감이 높아져갔고, 이에 대해 중세 교회와 봉건사회가 적극적으로 대응하지 못하자 새로운 세계에 대한 사회적 열망이 강해졌다. 당시 중세 사회는 강력한 종교 사회였기 때문에 새로운 사회에 대한 열망 역시 기독교라는 종교의 외형을 띠었고, 그것을 현실적으로 시도한 이들 역시 종교인인 수도사들이었다.

중세 시대 천년왕국주의가 퍼져나가는 데 중요한 역할을 한 사람은 '피오레의 요아킴Joachim of Fiore(1135~1202)'이라는 수도사로, 이탈리아 남부 칼라브리아의 피오레산에 위치한 산 조반니 수도원의 원장이었다. 그는 〈요한계시록〉을 우화적으로 해석한 아우구스티누스와 달리 천지창조부터 최후의 심판까지 역사의 진행 과정을 성서의 구조에 맞추어 분석하면서 종말과 새로운 시대를 예언했다. 그는 교황 루시우스와 시칠리아의 여왕이기도 한 콘스탄스 황후로부터 존중을 받는 등 중세 사회에서 신학적 지위를 인정받았기 때문에 그의 이론은 중세 유럽에 널리 퍼져갔으며, 단테의 《신곡》 역시 그의 사상을 모티브로 하고 있다.

그러나 그는 성령의 시대가 임박하여 타락한 교회를 응징하기 위해 적그리스도가 세속적 군주로 출현해 세계를 지배하며, 마침내 구세주가 적그리스도를 파멸시키고 천년왕국을 건설한다고 주장함으로써 당시 교회와 정치권력 모두에게 위험한 인물이 되었다. 그는 생전 탄압을 받지는 않았지만 사후 그의 사상과 추종자들은 이단으로 배척받았다.

이후 중세 시대에는 피터 올리비, 존 볼과 같은 수도사들을 중심으로 프랑스 남부, 이탈리아 등지에서 천년왕국주의가 유행했다. 이

처음 하는 정치학 공부

성 마르틴
(Albert, Paul Lemasson 형제, 1931년)

중세의 수도원은 억압받는 이들에게 유일한 안식처가 되기도 했다.
수도원이 착취를 일삼는 경우도 있었지만 구원과 해방의 담론 역시
수도원에서 시작되었다. 천년왕국주의 역시 수도원들을 중심으로 일어났다.

들 사상의 흐름은 유사한 모습을 보이는데, 현재의 타락한 교회를 세속 권력으로 가장한 적그리스도가 단죄하면, 다시 그리스도가 재림하여 적그리스도를 물리친다는 것이다. 이는 이후 중세 사회에서 종교권력의 타락과 세속적 정치권력의 성장, 그리고 그 둘의 긴장 관계를 잘 보여준다. 이들 사상은 교황이나 황제 등 당대의 실존 인물들을 적그리스도와 연결해 당시의 억압적 환경에서 해방되기를 꿈꾸었다.

천년왕국주의는 이런 저항적인 모습 외에 일탈적 모습을 띠기도 한다. 당시 십자군 원정을 요청받은 사람들은 중세의 전염병, 기근, 가뭄, 수탈 등에서 자유로운 안식을 추구했는데 그것을 이룰 장소로 십자군의 목적지인 예루살렘을 삼고 그곳에서 정신적, 물질적 안식을 추구할 수 있다고 여겼다. 이러한 생각은 유럽 각지로 퍼져 십자군 원정의 참여가 대규모로 확대되기도 했다.

이렇게 천년왕국주의는 '저항'의 측면에서든 '일탈'의 측면에서든 결과적으로 무력에 의존하는 식으로 이어지면서 호전적 성격을 띠게 되었다. 14세기 영국의 농민반란과 15세기 이탈리아의 반反메디치가 봉기, 16세기 보헤미아의 타보르파*의 봉기 역시 천년왕국주의를 정신적 기반으로 했다. 이들은 계급 문제를 타파할 새로운 사

• 체코슬로바키아의 종교개혁 시기 얀 후스를 추종하던 후스파의 급진 파벌로 로마 가톨릭교회에서 이단시되었다. 15세기 후스 전쟁 당시 보헤미아의 '타보르'가 본거지였던 데서 이름이 유래했다.

회질서를 현실에서 구현하기 위해 종교적 믿음을 바탕으로 조직 및 활동을 진행했다.

천년왕국주의는 현실의 고통을 중단시키는 영속적인 안식을 가져온다는 종말론적 시각을 가진다. 이러한 사고는 서구 사회의 혁명이론의 단초가 된다. 이런 사상은 여러 유토피아주의뿐 아니라 프랑스 대혁명, 미국 독립운동, 마르크스의 공산주의 등 서구의 다양한 혁명운동의 원초로 작용했다. 임금이 임금다워야 한다는 정명론에 입각한 맹자의 혁명론은 명분을 중시하고 계급 등 신분제 안에서의 혁명에 그친 경우가 많았지만, 천년왕국주의는 그리스도의 재림에 따른 현실 질서 전체의 종말을 그렸기 때문에 서구의 혁명사상은 더욱 급진적일 수밖에 없었다. 그러나 이러한 사상은 각종 파괴적인 이단 사상이나 종말론에 기대는 종교적 움직임으로도 이어져 현대 사회의 다양한 문제의 시발점이 되기도 한다.

오늘의 키워드
봉건주의

계약과 맹세의 사회

토지를 매개로 탄생한
자치적 권력

#봉건제 #은대지제도 #종사제도 #맹세 #봉토

뜨거웠던 로마제국의 영광이 지나간 후 유럽 세계는 단일한 정치 권력의 광역적 지배가 사라지고 지역별로 작은 공국들이 난립했다. 이런 상황은 약 1,000여 년간 지속되었는데 이때의 정치·사회질서를 봉건주의라고 한다.

봉건주의를 일컫는 영어단어 'feudalism'은 봉토를 의미하는 라틴어 'feodum'에서 파생되었다. 한자어 봉건封建 역시 공신이나 친족에게 토지를 나누어주었던 고대 주나라 시기의 제도다.

군주가 신하에게 봉토를 주거나 보호해줌으로써 지방의 자치적 권력이 탄생한 것이 봉건제도이므로, 봉건주의는 봉토와 깊은 연관이 있었다. 서로마제국의 은대지제도나 서로마제국이 멸망한 뒤 게르만족이 세운 프랑크왕국의 종사제도는 봉건주의의 기반이 되는데 이들은 모두 봉토와 깊은 연관을 맺는다.

은대지제도는 서로마제국이 국경을 지키던 게르만족에게 그 대가로 토지를 하사했던 것을 말한다. 이들 게르만족은 이 토지를 바탕으로 경제적, 군사적 기반을 쌓을 수 있었으며, 이 토지가 세습되면서 중세 장원의 기원이 되었다.

종사제는 게르만족의 주종제도로 주군과 가신으로서 맺은 계약을 바탕으로 성립된 것이다. 가신은 충성을 대가로 무기와 말, 숙식을 제공받았으며, 주군은 자신의 전사戰士를 안정적으로 거느릴 수 있게 되었다. 종사제의 가장 큰 특징은 이 관계가 계약관계이기 때문에 계약 이전 이들의 관계는 대등한 자연인 대 자연인이라는 점이다. 로마제국이 붕괴하면서 사람들은 종속된 국가나 정치체가 없는 상태에 놓였고, 따라서 국가에 대한 애국심이나 군주에 대한 맹목적 충성심을 가질 필요가 없었다. 그들은 맹세에 의한 계약을 통해 상호간 이익을 취했다. 그렇다고 이들의 관계가 표면적이거나 기만적인 것은 아니었다. 중세 시대에 맹세는 종교와 정치를 넘나드는 의미가 있었다. 맹세는 종교라는 심리적 종속성에 기반을 두고 있었기에 어길 시에는 종교적 징벌, 즉 현세에는 파면, 내세에는 지옥이라는 대가를 전제하고 있었고, 반역에 대한 처단과 새로운 계약의 제한이

페르피냥의 귀족들
(작가 미상, 1172년)

서양의 봉건주의는 '계약과 맹세'라는 독특한 개념에서 출발한다.
이것은 신과 계약을 맺는 기독교라는 종교적 특징과 문화적·혈연적 연관이 없던
게르만족과 로마인들의 계약이라는 정치·사회 요소가 결합된 것이다.

라는 정치적 책임 역시 부과되었다.

봉건주의는 이런 종사제에 봉토라는 토지 개념이 결합되어 형성된 것이다. 즉 계약을 통한 충성과 허락받은 토지에 대한 지배, 이두 가지가 봉건주의의 핵심이다. 봉토를 확약받은 것은 봉토에 대한 지배와 자치를 인정받은 것으로, 봉건사회의 지방분권적 성격이 여기서 출발한다. 이렇게 가신들은 영주로 거듭나며 세습을 통해 사실상 독립국적인 지위를 가지게 되었다. 지역에 따라 다르긴 했지만, 대부분의 영주들은 군주에게 일상적인 세금을 바치지는 않았으며, 군주 역시 자신의 직할 통치지에서 발생하는 수익으로 생활하는 것을 당연시했다. 다만 프랑스에는 '타유'라는 부조 성격의 세금이 있었는데 전쟁이나 전쟁으로 인한 배상 등 국가적 거액의 지출이 있을 때 영주들이 기부의 형태로 군주에게 바쳤다. 그러나 타유에 대한 부담은 점차 영주가 아닌 하층민들에게 전가되기 시작했으며, 결국 제3신분에게만 부과되는 인두세로 변질되어 프랑스 대혁명 이후 폐지되었다.

중앙의 권력이 직접 외국이나 야만족의 침입을 막을 수 없어 그것을 막을 세력에게 자치권을 부여한 것에서 봉건주의가 비롯되었기 때문에 군주는 각각의 영주들에게 닥친 침입과 위기에 구원자 역할을 할 수 없었다. 그래서 소영주는 대영주에게 다시 충성을 맹세하며 주종관계를 맺기도 했다. 그렇다고 소영주가 왕과의 충성맹세를 파기한 것은 아니기 때문에 이중적 주종관계가 형성되었다. 심지어 여러 대영주와 주종관계를 맺는 소영주의 사례도 파다했다. 이런 상황은 중앙의 권력 약화와 지방권력의 강화뿐 아니라 복잡한 권력구도 형태를 만들어 사실상 지배적 권력의 공백 상태를 야기했다.

이제 권력은 방대한 지역을 지배하는 것이 아니라 영지와 사유재산의 지배라는 지엽적인 것으로 축소되었다. 고대의 성곽이 도시를 경계했다면 중세의 성채는 영주의 집을 방어하는 것이었다. 우리가 일반적으로 아는 중세의 성들은 영주의 영지가 아닌 일상적 생활영역을 그 범주로 했다.

왕권과 권력에 있어 고대와 중세의 가장 큰 차이는 바로 계약과 맹세에서 나타난다. 고대의 왕권은 혈연이나 부족적 종속성에서 생겨났지만, 중세에 들어서 군신 간에는 아무런 혈연적, 부족적 연관이 없어졌다. 고대 사회는 신화를 통해 군신 간의 일체감을 확인하고 하나의 소속감을 고양했지만, 세계 종교를 자임하는 기독교의 확산은 신화를 통한 국가 내의 단결을 해체시켰다. 따라서 로마 황제와 게르만족 장군의 협약처럼 중세 사회에 남은 것은 계약뿐이었다. 이제 혈통은 왕가 내부의 정통성만을 의미하는 것이고 왕의 혈통과 영주 혹은 백성의 혈통은 완전히 분리되었다. 국가 단위의 혈통의 단일성을 이야기하는 민족 개념은 1,000년이 지난 후인 근대에서야 발생했으며 왕과 영주를 묶어줄 근원적 연계성은 중세 사회에 존재하지 않았다. 따라서 영주는 왕에게, 소영주는 대영주에게 대등한 관계를 바탕으로 계약을 하고 종속을 맹세했다. 그렇기 때문에 맹세의 의미는 상당한 구속력을 지녀야 했다. 맹세가 말장난에 그친다면 중세라는 사회 자체가 성립될 수 없었기에 중세 사회는 맹세에 모든 명예와 종교적 가치 등을 부여하기 위해 애썼다.

하지만 중세의 맹세는 고대의 신화보다 그 결속력이 떨어질 수밖에 없었다. 신화가 무의식의 영역에서 사람들의 집단적 믿음체계를 구성한다면, 맹세는 의식의 영역에서 개별적 책무를 구성하기 때문에 언제나 '거짓 맹세'의 가능성을 내포했다. 중세의 약한 왕권과 영주들 사이에서 발생한 수많은 배반과 배신은 중세 사회를 구성하고 있는 의식체계에서 비롯한 한계이기도 하다.

이런 맹세를 통한 군신관계의 성립은 시간이 갈수록 신분 사회의 틈을 벌려놓기도 했다. 고대 귀족 사회가 가진 집단성이 아닌 개별적 계약관계에 의해 영주나 지배층으로서의 권위가 형성되었기 때문에 하층민 역시 특별한 능력이나 성과를 보이면 왕이나 대영주와의 계약을 통해 사회적 지위를 획득해나갈 수 있었다. 기사계급이 대표적이며, 중세 후기에는 법률가나 의사 등이 여기에 해당했다. 이들의 등장은 처음에는 새로운 귀족이나 소영주의 발생 정도에 그쳤지만 갈수록 봉토와 상관없는 권력자의 탄생, 즉 중세적 자치 권력이 아닌 왕에게 직접 봉사하는 계층의 탄생으로 이어지며 중세의 몰락과 근대적 절대왕권의 가능성으로 작용했다.

이렇게 유럽 중세의 봉건주의 사회는 엄연히 군주가 있는 사회로 명목상의 존재로만 왕이 있었던 일본의 전국시대와는 달랐다. 그 권력이 강했든 약했든 유럽의 봉건사회에 왕권은 존재했으며, 이는 단순히 명예와 명분상의 지위만은 아니었다. 외국과 전쟁이 발발하면 각각의 영주들은 자신의 군주를 위해 출병하여 전쟁에 참여했다. 흔히 중세를 권력의 공백 상태나 사실상의 무정부 시대로 보기도 하지만 중세는 인간이 신화와 집단의 정치에서 이성과 개별의 정치로 나아가는 여정이라는 의미가 있다.

도시와 자유민의 발생, 자유주의 사상의 탄생, 화폐와 자유거래에 근거한 자본주의의 탄생은 단순히 중세의 모순을 뚫고 나온 천지개벽의 모습이 아니라 중세 사회가 이미 내포하고 있던 역사적, 사회적 역량이 시대상에 맞게 표출된 것으로 이해해야 한다.

오늘의 키워드
기사도

난봉꾼이었던
백마 탄 왕자님

무력의 통제를 위한
사회적 약속

#중세 #기사 #보병 #기병 #궁정풍_사랑 #기사도

백마를 탄 기사가 용감하게 괴물을 무찌르고 공주를 구한 뒤 왕이 되어 영원토록 행복하게 산다는 모험과 낭만의 동화 속 이야기는 오늘날까지 많은 사람을 설레게 한다. 동화 속 기사들이 살던 작은 왕국들이 있던 시대, 공주와 결혼하면 왕이 되던 시대는 바로 서양의 중세였다. 중세는 '용감하고' '아름다운 공주에게 헌신적인' 존재, 기사들의 전성시대였다.

영어로 기사를 뜻하는 'knight'는 고대 영어 'cniht'에서 파생되었는데 이는 하인이나 시종을 의미했다. 라틴어로 기사는 'miles'인데, 이 단어는 봉건 영주에게 병사로 고용되어 신분이 상승한 하층 귀족을 의미했다. 이들이 전공을 세워가는 과정에서 이 단어는 점차 높은 신분을 의미하게 되었으며, 종국에는 귀족 전사계급을 뜻하게 되었다.

이 기사들은 대부분이 기병이 되었으며, 따라서 기사가 유럽으로 확산되면서 단어도 기병을 뜻하는 'caballerius'에서 파생되었다. 프랑스어로 기사는 'chevlaier', 스페인어로 기사는 'caballero'인데 모두 라틴어로 말을 뜻하는 의미가 포함되어 있다. 다시 말해 기사는 하층민 출신의 기병들로 훗날 귀족계급에 편입된 계층을 의미한다.

고대 서양의 병법은 알렉산더 대왕을 제외하고는 대부분 보병 중심이었다. 아테네, 스파르타, 로마제국 모두 중무장 보병을 중심으로 당시 세계를 제패했다. 그러나 보병은 대규모 병사 차출과 오랜 훈련이 필요했다. 보병의 생명은 일사불란한 조직력인데 이는 강력한 국력을 바탕으로 육성 및 유지되어야 했다. 그러나 로마제국이 붕괴하고 그 뒤를 이을 만한 강력한 국가가 등장하지 못하고 사분오열된 유럽 사회에서는 고대처럼 조직된 대규모 보병부대를 운영하기가 힘들었다. 이때 등장한 것이 철갑을 두른 기병으로, 바로 기사들이었다. 중세 초기 농민 차출병이었던 보병들은 도저히 이들에게 상대가 되지 않았고 기병 한 명이 일당백의 역할을 해냈다.

기병은 많은 비용이 들었다. 말과 갑옷 그리고 시종까지 기병 한 명을 유지하는 데 드는 비용은 농민이나 하층민이 감당하기에 큰 부담이 되었다. 그래서 중세 초기 기사들은 귀족의 장자가 아니어서 상속권이 없던 아들들이나 전투에서 용맹을 인정받아 영주로부터 어느 정도 보상을 받은 전사들이었다. 중세 사회에서 부의 기반은 토지였는데 이들에게는 애초에 토지가 없었기 때문에 자신의 용맹을 팔아 생계를 잇고 부를 축적해갔다.

기사들은 영주에게 충성을 맹세하고 그를 위해 싸우는 대신 영주로부터 영지를 부여받는 식으로 영주와 계약관계로 맺어져 있었기 때문에 어떤 이데올로기나 태생적 굴레가 없었고, 어떠한 권위로부터도 진 빚이 거의 없었다. 그래서 영주의 보상이 제대로 주어지지 않거나 자신을 받아줄 영주가 없을 경우 폭도나 강도로 변하는 경우가 많았다. 떠돌이 기사 한 명의 무력은 한 마을 전체의 힘와 견줄 만했기 때문에 중세 사회는 이들에 대한 통제가 반드시 필요했다. 서양의 기사들은 일본의 사무라이 등과 같은 동양의 무사집단들과 달리 군주에 대한 강렬한 충성심이 결여되어 있었기 때문에 영주들이 처한 상황 변화에 따라 그 통제가 어려워지는 경우가 많았다.

그뿐 아니라 영주의 밑에서 착실하게 직분을 다하는 기사들 역시 중세 사회 전체에서 보면 위협이 되었다. 수많은 공국들이 난립한 중세 사회에서 무력과 충성심이 출중한 기사들은 곧 유럽 사회 전체의 관점에서는 언제든 전쟁의 씨앗이 될 수 있었기 때문이다.

그렇다고 해서 고대의 보병체계가 무너진 중세 사회에서 기사들의 무력을 포기할 수는 없었다. 그래서 중세 사회는 기사들의 전사적 성격은 유지하면서 그 호전성을 통제할 수 있는 방법을 강구했다. 그것은 두 가지 형태로 나타났는데 하나는 종교에 대한 복속이며, 하나는 기사도다. 그리고 이를 통해 하층민 출신이거나 서자들이었던 그들이 가장 원했던 가치, 즉 '명예와 부'를 약속했다.

교황 우르반 2세와 같은 종교지도자들은 기사들에게 십자군 원정을 호소하면서 종교적 구원과 세속적 부를 동시에 약속했다. 십자군 원정은 기사계급의 호전성을 극대화시키면서도 기독교라는 중세 사회의 통제권 아래 기사계급을 종속시키는 결과를 낳았다.

그러나 십자군 원정 등을 통한 종교적 통제만으로는 일상에서의 기사들을 통제하기에 역부족했다. 그래서 등장한 것이 바로 기사도다. 기사도는 충성, 무용武勇, 명예, 신에 대한 경건, 자비, 겸양 그리고 여성에 대한 봉사를 말한다. 기사도를 잘 지키는 기사는 사회적으로 존중받았다. 하층민이거나 장자가 아니었던 기사들은 귀족 사회로의 편입을 강렬히 원했다. 기사들의 전사적 성격을 사회체제 안으로 들여오려던 당시 주류 사회와 신분 상승을 꿈꿨던 기사들의 필요가 맞아들어 가면서 기사도는 기사들의 필수적 요소가 되었다. 기사들은 10세기부터 본격적으로 출현했지만, 12세기까지도 기사와 귀족은 단일한 사회집단이 아니었다. 그러나 기사도가 점차 궁정

예절로 잡리 잡고, 하층민이 비용을 감당할 수 없을 정도로 기사의 무장이 복잡해지면서 기사는 귀족의 상징이 되었다.

기사는 군사적 기능에서 귀족의 특권으로 그 성격이 바뀌어갔으며, 기사서임식은 청년 귀족에게 일종의 성인식과 같은 역할을 했다. 심지어 13세기 프랑스에서는 왕도 자신을 기사라고 칭할 정도로 기사는 상류층을 상징하는 계급이 되었다. 그리고 이제 기사도는 궁정 예절과 거의 같은 말로 사용되었다.

기사도는 여성에 대한 존중과 보호를 큰 미덕으로 삼았는데 이것 역시 사회와 기사 간의 이해관계가 맞아떨어진 결과였다. 사회의 입장에서는 기사들의 호전성이 여성을 향하지 않아야 했으며, 기사 입장에서 보면 여성의 상속재산이 남편에게 귀속되었던 당시 사회에서 상속녀와의 결혼은 기사 자신의 신분과 부를 상승시킬 큰 기회였기 때문이다. 그러나 점차 시간이 지나면서 기사들의 로맨스는 여성에게 성적인 결합을 포함해 그 어떤 것도 바라거나 요구하지 않는 방식으로 유행하기 시작해, 귀족 부인에 대한 젊은 기사의 순수한 사랑이 중세의 아름다운 사랑의 표본으로 여겨지기도 했다. 이런 형태의 사랑을 궁정풍 사랑이라고 불렀는데, 이는 훗날 프랑스의 철학자 자크 라캉 등 여러 철학자와 문학자들의 주제가 되기도 했다.

기사계급의 귀족화와 궁정풍의 사랑 등으로 기사계급의 상징성은 크게 고양되었지만 실제 생활은 그렇지 않았다. 여전히 상속자가

행운이 있기를!
(에드먼드 레이턴, 1900년)

기사도 문학과 예술작품은 현실과는 다소 괴리가 있었다.
그러나 국가나 공동체에 귀속의식이 낮았던 기사들에게 궁정풍 사랑,
명예와 같은 요소들은 무장세력인 그들을 사회관계망에 묶어두는 역할을 했다.

아닌 기사들은 힘든 삶을 살았으며, 토너먼트라는 말의 유래가 생긴 마상시합에서의 상금이 주요한 수입원이 되기도 했다.

그리고 영국의 장궁, 스위스의 파이크 같은 기병을 제압하는 새로운 전법과 기술이 등장하기 시작하면서 소위 가성비가 떨어지는 기사가 퇴조하기 시작했으며, 결국 총과 대포가 보급되기 시작하자 기사는 전사적 성격을 상실하고 기사도는 귀족을 통제하는 정신적 문화로만 남게 되었다.

오늘의 키워드
무사도

중세에는 없었던
일본의 중세 사상

충의와 희생의
아이콘

#일본 #무사도 #사무라이 #할복 #제국주의 #전체주의

허리에 칼을 차고 일본식 변발인 촌마게 머리를 한 일본의 무사, 즉 '사무라이'에 대한 이미지는 지금도 영화나 게임에 종종 등장할 만큼 유명하다. 사무라이는 일본 중세 시대의 무사로 지역의 다이묘와 같은 특정한 주군에게 충성하는 군사적 계급이다. 이런 무사들이 추구하는 이상적 자세나 사상을 가리켜 무사도武士道라고 부른다.

일본의 중세라 할 수 있는 전국시대에 무사에게 요구되는 덕목은 더 높은 차원의 살상殺傷 능력을 갖추는 것이었다. 따라서 이때 무사의 덕은 무력이었으며, 무사의 학문은 병법이었다. 이들의 명예는 전장에서 승리로 만들어졌다. 이들의 정신력은 수양을 통해서라기보다 실전인 전장에서 삶과 죽음의 경계 사이에 형성되었다. 이들에게 승패는 죽음과 직결되어 있었다. 전장에서의 패배는 모든 것을 잃는 것을 의미했기 때문에 중세 일본 무사들에게 승리를 위해 행하는 모든 방법은 일종의 병법으로서 정당화되었다. 12~14세기까지 존속한 가마쿠라 막부에서는 서양의 기사와 마찬가지로 값비싼 무기와 말을 소유해야 했기 때문에 귀족만이 무사가 될 수 있었다. 그렇기에 당시까지만 해도 어느 정도 일관된 무사의 행동양식이 존재했다. 이들의 존재가치는 전장에서의 승리였지만, 그 방식은 1대 1 대결, 기습 금지 등 명예를 지키는 형식 안에서 이루어졌다.

그러나 이후 이어진 무로마치 막부와 전국시대에는 하급 가신인 호족들의 반란이 빈번해지고 이들이 고용한 사병들의 출신이 다양해지면서 무사들은 점차 하급 계급이 되었다. 그 대표적 인물이 서민 출신으로 권력의 정점에 오른 도요토미 히데요시豊臣秀吉(1536~1598)였다. 그는 문맹이었으며 귀족 문화와는 거리가 멀었다. 당시에도 여전히 무사의 존재가치는 승리였지만, 반란과 전쟁이 빈번한 시기에 이들에게 필요한 것은 명예가 아니라 승리였다. 이때부터 무사들은 승리를 위해서라면 수단과 방법을 가리지 않는 살수殺手 집단이 되어갔다. 권력과 전장의 형세가 하루하루 달라졌던 당시 명예와 충절을 내세우던 이전의 방식은 사치였기 때문이다. 어느덧 이전에는 쉽게 볼 수 없었던 기습과 암살이 무사들에게 흔한 전투 방

101

1945년 4월 12일 일본 치란 특공기지에서 출격하는
가미카제 특공대의 하야부사 전투기 조종사에게
벚꽃가지를 흔드는 일본 여고생들

일본의 무사도는 제국주의 시대 일본인들이 가진 서구에 대한 선망과
군국주의의 결합으로 만들어진 것이다. 그 결과 2차 세계대전 당시
일본의 폭력성이 무사도로 포장되었다.

　　　　　　　　　　　　　　　　　　　　　　　　처음 하는 정치학 공부

식이 되었다. 무사들에게 승리는 자신의 존재를 증명하는 것과 다름 없었기 때문에 어쩌면 이는 당연한 수순이기도 했다. 이렇듯 무사계급의 지위가 낮아지면서 이들은 자신의 주군에게 생계를 더욱 의존하게 되었으며, 이들에게 충절은 생계와도 직결되었다.

이제 무사들의 행동규범이나 정신자세는 주군에 대한 충성을 바탕으로 한 살상과 승리 이외에는 하나의 입장으로 설명되기 어려워졌다. 그런데 근대에 이르러 이런 무사도에 대한 새로운 입장이 대두했다. 근대의 시각에서 무사도를 새롭게 치장하고 중세의 무사들도 몰랐던 가치가 부여된 것이다. 이런 생각은 아시아를 벗어나 유럽을 닮고자 한 근대 일본인들의 열등의식에서 비롯되었다.

일본의 무사도를 새롭게 구조화한 대표적 인물이 니토베 이나조 新渡戸稲造(1862~1933)다. 그는 미국 유학 중 벨기에 출신의 교수 드 라블레이를 만나 "일본에서는 종교 교육을 어떻게 하느냐?"라는 질문을 받는다. 이에 일본에서는 종교 교육을 하지 않는다고 답하자 다시 교수가 묻는다. "종교 교육이 없다면 일본에서는 도덕 교육이 어떻게 가능한가?" 이 질문에 큰 충격을 받은 그는 일본의 도덕에 대해 고민하기 시작했다. 이후 미국인이었던 아내에게 일본의 도덕에 관해 설명하기 위해 쓴 글인 《일본의 무사도》를 미국에서 출판했다. 이 책에서 그는 일본이 유럽과 비슷하다는 것을 증명하기 위해 무진 애썼다. 예수, 소크라테스, 단테, 헤겔, 스펜서 등 서양의 여러 종교인과 사상가들을 거론하며 그는 서구의 가치에 상응하는 일본의 가치가 존재한다는 점을 자세히 설명했다. 특히 서양의 기사도에 필적하는 문화와 윤리체계로 일본의 무사도를 내세움으로써 서양인들에게는 호기심을, 일본인들에게는 자긍심을 고취시켰다. 이 책은 동양인이 쓴 책으로는 최초로 미국에서 베스트셀러가 되었으며, 일본의 사무라이에 대한 환상을 현대에까지 이어준 발단이 되었다. 그리고 이런 환상은 일본으로 역수입되어 무사계급이 지닌 고유함과 규범이 새롭게 확장되는 계기가 되었다.

살상을 가장 큰 가치로 여기며 하나의 정신세계로 통합해 설명하기 힘들었던 무사계급은 니토베 이나조 이후로 정신적 수양과 가치를 기반으로 한 일종의 수도승과 같은 존재로 격상되었다. 이제 무사도는 불교와 신도, 유학의 영향을 모두 받은 것으로 설명되었다. 무사도는 불교의 선사상에 입각해 평정심, 운명에 대한 수긍, 금욕 등을 중요한 가치로 받아들이는 가운데, 무사의 특성상 살생을 금하는 불교에 머물 수는 없었기 때문에 일본의 전통신앙인 신도가 추가되었다. 신도에서 말하는 주군에 대한 충성, 부모에 대한 효행, 개인보다 민족을 우선시하는 가치관들이 무사도의 중요한 덕목이 된 것이다. 그리고 유학의 '인의예지'를 무사의 가치로 재해석해, 일본은 셰익스피어가 없이도 애정과 관용, 동정, 연민이라는 가치를 유학을 통해 전수해왔다고 자부했다.

이렇게 근대에 재해석된 무사는 살수가 아니라 충의와 희생의 화신으로서 일본의 정신을 대표하는 존재로 격상되었다. 이런 해석은 단순히 유럽에 대한 열등의식의 발로에 머물지 않고 근대 일본에서 부상한 전체주의에도 큰 영향을 주었다. 무사의 주군에 대한 충성이라는 봉건적 가치가 근대 일본에서는 국민의 국가에 대한 충성으로 변형되었다. 무사가 주군에게 모든 역량과 생명을 바치는 모습이 미화되면서 특정 소수 계급이었던 그들이 전체 국민의 이상적 모습으로 변화된 것이다. 이제 국민은 마치 자신이 무사가 된 것처럼 새로운 주군인 근대 일본의 제국주의 국가에 충성을 맹세했다.

무사도는 자신의 슬픔과 고통을 억제하고 충성을 다하는 모습으로서 극기를 중요시했다. 이것은 전체주의 사회에 그대로 적용되어 국민 개인의 감정이나 생명보다 국가에 대한 충성과 희생이 중요한 것으로 여겨지도록 했다. 그 대표적 사례가 '할복'이다. 할복은 전장에서 패배한 무사가 스스로 배를 갈라 자결하는 것으로, 패배의 책임을 소수의 무사가 지는 것이었다. 일본은 전통적으로 영혼과 애정이 배에 있다고 믿었기에 배를 가르는 것이 자신의 충절을 증명한다고 믿었다. 이것은 사죄와 명예를 수호하고 자신의 무고함을 증명하는 죽음의 의식이었다. 사실 할복은 도요토미 히데요시가 정적을 처형하는 효과적인 방식으로 도입, 활용한 것이다. 하지만 무사도는 이런 할복을 신성화, 의식화하면서 집단의 가치를 위한 개인의 죽음을 미화시켰다. 무사도가 무사에서 국민으로 확장되었듯이 할복이라는 희생제의의 대상도 전 국민으로 확대됨에 따라 제국주의 일본에서는 패전에 따른 집단 자결, 가미카제 자살공격 같은 집단적 광기가 형성되기도 했다. 한때 승리와 살상을 목표로 했던 소수 살수집단이 근대에 온 국민의 이상향이 되면서 근대 일본 사회에 전체주의와 호전성이 자리하게 되었던 것이다.

중세 일본에도 분명히 무사는 존재했고 그들의 가치관도 존재했을 것이다. 그러나 근대 이후로 전해지는 무사들의 정신은 중세의 것과는 사뭇 다르며 오히려 근대적 가치를 담은 변형이라고 할 수 있다.

오늘의 키워드
사회계약론

알에서 나온 혁거세는 거짓말

절대왕정과 현대 민주사회의
분기점

#왕권신수설 #홉스 #로크 #루소 #사회계약론

단군, 주몽, 혁거세, 수로왕의 공통점은 무엇일까? 바로 이들의 탄생에는 일반인과 다른 비범함이 있다는 것이다. 고대의 왕들은 평범한 탄생을 거부한다. 신의 자식이기도 하고 알에서 태어나기도 한다. 이런 특징은 비단 우리나라뿐 아니라 세계 여러 나라에서도 공통적으로 나타난다.

고대에는 왕권의 안정이 곧 국가의 안정을 의미했기 때문에 고대 국가들은 왕에게 보통 사람들과는 다른 출생의 비밀을 부여해 왕의 권력을 정당화했다. 국가의 기틀이 튼튼하지 않았던 고대 사회에서는 왕이 그냥 평범한 사람이라면 누구나 왕이 되기 위해 쉽게 반란을 일으켰을 수도 있다. 반란과 전쟁은 단순히 학살과 정권의 교체만을 가져오는 것이 아니라 분열을 초래했다. 씨족사회가 고대 국가 사회로 발전하는 데는 광역적인 통합이 필요한데, 그 역할을 수행한 것이 바로 신으로부터 권력을 이양받은 왕이었다. 이렇게 왕의 권력이 신에게서 비롯되었다는 것을 '왕권신수설'이라 부른다.

그러나 중세에 이르러 르네상스와 종교개혁 등을 겪으면서 이러한 왕권에 대해 사람들이 점차 의문을 가지기 시작했다. 신의 말씀이 모든 사람의 일상을 좌지우지하던 중세가 막을 내리면서 사람들은 하늘보다 땅, 윗사람보다 옆 사람을 쳐다보기 시작했다. 그리고 마침내 "나는 생각한다, 고로 존재한다"라는 데카르트René Descartes(1596~1650)의 유명한 논증처럼 스스로 이성을 가진 존재로 여기기 시작했다.

사회계약론은 이러한 맥락에서 나타난 사조로, 17~18세기 영국과 프랑스에서 대두하기 시작해 현대에까지 큰 영향을 주고 있다. 사회계약론의 주요 주창자는 토머스 홉스, 존 로크John Locke(1632~1704), 장 자크 루소Jean-Jacques Rousseau(1712~1778)인데, 이들의 이론은 서로 큰 차이를 보이지만 하나의 큰 공통점이 있다. 바로 혁거세는 거짓말쟁이라는 것이다.

사회계약론은 왕과 그의 권력이 신이나 신비로운 힘으로부터 나온 것이 아니라, 사람들이 필요에 따라 권력을 만들고 특정인에게 그 권한을 위임한 것이 국가라고 설명한다. 사회계약론자들은 국가와 법이 없는 태초의 상태를 가정하는데 이를 '자연상태'라고 부른다. 자연상태에서는 누구나 평등하며 차별이 존재하지 않는데, 이러한 상태는 그대로 지속되지 않고 전쟁이나 불평등의 상태로 이어지기 때문에 그 위험을 낮추고자 정부나 국가가 만들어진다. 사회계약론에 따르면 자연상태에서 사람들은 자신과 자신의 재산을 보호해줄 대표자와 계약을 하고 그 계약에 따라 자기 권리를 양도하고 권력자는 사람들을 보호할 의무를 지니게 된다.

그런데 자연상태에 대한 이런 가정은 기존 권위주의 사회에 큰 충격을 안겼다. 왕권뿐 아니라 계급과 신분제도 자체를 뒤흔드는 주장이었기 때문이다. 왕과 귀족의 신분은 신이 준 것이 아니라 사회의 안위를 위해 국민이 양도한 것이라는 주장은 주권의 기원을 반대로 뒤집어놓았다. 사회계약론의 선두주자인 홉스는 다른 학자들에 비해 특히 강력하고 저항할 수 없는 국가론을 말했다. 그의 주장은 사회에 큰 파장을 일으켰는데, 일례로 홉스의 대표 저작인 《시민론》에 대해 당시 영국의 왕은 "태어나서 본 책 중 가장 불경스러운 책"이라고 평가할 정도였다.

사회계약론자들이 묘사하고 제안하는 사회의 모습은 학자마다 다소 차이가 있다. 홉스는 "인간은 인간에 대해 늑대다"라고 말하며 국가가 없는 자연상태는 "만인에 대한 만인의 투쟁상태"라고 설명

《리바이어던》 표지
(토머스 홉스)

그림을 자세히 보면 리바이어던의 몸은 수많은 사람들로 구성되어 있다.
사회계약론은 국가의 권위가 신이 아닌 사람들의 약속과
필요에 따라 만들어졌다는 주장으로 당시로는 엄청난 파격이었다.

처음 하는 정치학 공부

한다. 자연상태에서는 누구나 평등하기 때문에 누구도 다른 사람을 규제할 수가 없다. 이런 평등함은 모두의 권리를 소중하게 만들지만 다른 한편 그 권리를 누구도 보장받을 수 없게 만든다. 이에 홉스는 국가권력이 모두의 권리를 보장하기 위해 개인으로부터 모든 권한을 위임받아 통치권을 행사한다고 보았다. 그리고 어떠한 압제도 국가가 없는 무질서보다는 안전하다고 보았기에 그는 국민이 국가에 대해 저항해서는 안 된다고 주장했다. 홉스의 이론은 현대의 국가권력이 시민으로부터 나왔다는 점과 현실국가의 무제한적 권력을 설명하는 데 효과적이었지만, 왕권의 신성함을 부정한다는 점에서 왕당파로부터, 그리고 시민의 저항권을 인정하지 않는다는 점에서 의회파로부터 모두 배격받았다. 심지어 그의 책은 그의 모교인 옥스퍼드대학에서 불에 태워지기도 했다.

　시민의 자유의식이 높아짐에 따라 시민의 권리와 저항권을 적극 옹호한 학자가 로크와 루소다. 이들은 홉스와 달리 자연상태는 본래 평화롭지만 집단과 국가 등이 탄생하면서 오히려 불평등과 폭력이 발생했다고 주장했다. 홉스는 생명을 지키는 것이 시민의 모든 권리를 보호하는 것이라고 생각했던 반면, 로크는 생명, 자유, 재산이 분리될 수 없는 천부인권이므로 국가가 이를 제대로 보호하지 못할 경우 시민들은 불복종이나 저항을 할 수 있다고 보았다. 로크에 따르면, 생명은 신이 준 것이기 때문에 신 이외에 누구도 지배할 수 없으며 자유로운 신체 활동을 통해 얻은 결과는 누구도 침범할 수 없다. 로크의 이런 주장은 신대륙에서 개인의 재산이 곧 그의 생존을 좌우했던 초기 미국 이민자들에게 큰 영향을 주었으며, 로크의 사상은 미국 독립운동의 정신적 지주가 되었다. 그리고 현대 미국의 자본주의에서 타인의 재산 침해에 대해 유럽의 대륙법보다 더욱 엄격히 처벌하는 것도 이런 맥락에서 출발했다.

루소는 홉스와 로크의 사상을 각각 일부씩 받아들여 사회계약론을 발전시켰다. 그는 홉스와 마찬가지로 국가의 권위를 인정하지만, 사람들 사이의 계약을 통해 개인의 권리와 사회적 의지를 모아 더 큰 자유와 권리를 확보하는 것이 국가의 역할이라고 설명했다. 루소는 이렇게 국가를 이루는 힘을 '일반의지'라 했는데, 여기서 일반의지란 사회구성원들의 자유와 공동의 가치를 보편적으로 모은 것을 말한다. 이렇듯 국민의 공통적 가치를 우선시하는 루소의 계약론은 1789년 '자유, 평등, 박애'를 기치로 내세운 프랑스 혁명의 정신적 기반이 되면서 그에게 '프랑스 혁명의 아버지'라는 이름을 안겨주었다.

사회계약론은 절대왕정 시대에서 현대 민주사회로 이동하는 데 있어 큰 전환점이 되었다. 현대에는 주권이 국민에게 있다는 것이 상식으로 여겨지지만, 주권을 의미하는 영어단어 'sovereignty'는 사회계약론 이전에 왕의 권력을 상징하는 단어였다. 자유주의, 사회주의,

자본주의, 공산주의 등 현대의 다양한 정치경제적 사상은 왕권과 같은 신성함을 탈피한 평등을 기반으로 하는데, 그 출발점이 바로 사회계약론이다.

오늘의 키워드
민족주의

우리는 단군의 자손이다, 그런데 언제부터?

'민족'이라는 이름의
명암

#단군왕검 #민족 #민족주의 #헬렌 #로물루스

우리 민족은 단군왕검 이래로 부여, 고구려, 백제, 신라, 발해, 고려, 조선 등 여러 국가를 건설하며 한반도와 만주 등에서 거주해왔다. 우리에게 이것은 상식으로 통하며 한국인이라면 누구도 의심하지 않는다. 그리고 다른 민족들도 역시 우리와 마찬가지로 언어와 역사, 문화, 혈통을 중심으로 공동체적 삶을 영위해왔다고 여긴다.

그런데 20세기 들어 이러한 생각에 대한 의문이 광범위하게 제기되었다. 이른바 민족이 근대에 발생한 개념이라는 주장이다. 그리고 이를 바탕으로 민족이 인류의 기원과 함께해온 초역사적 상수인지 아니면 특정 시기에 출현한 역사적 변수인지에 대한 논쟁이 일었다.

처음 하는 정치학 공부

전자를 지지하는 쪽에서는, 민족을 보편적 자연현상으로 간주해 인류가 문명적 존재로서 지구상에서 살아가는 생존 방식이라고 여긴다. 이 입장에서는 민족이 인종적 공동체로서 순수하고 단일하게 이어져온 집단이자 조상, 종교, 언어, 영토의 공통성을 일관되게 공유한다고 본다.

반면 후자의 입장에서, 민족은 특정 시기에 특수한 목적으로 뭉치거나 만들어진 집단이다. 민족이라는 실체 자체를 부정하는 것이 아니라, 분열되어 있던 소규모 집단들의 광역적 집합과 통일을 유도해 근대 국가를 만들기 위해 '상상'을 기반으로 만들어진 집단이 바로 '민족'이라는 것이다. 이 입장에서는 혈통 등에 의한 원초적 유대감 대신 왕조 등에 대한 충성심이 양적으로 성장한 것이 '민족'이라고 여긴다.

이 두 가지 주장 모두 민족을 허상으로 보지는 않는다. 다만 민족이 인류사적이며 객관적인 실체인지, 아니면 역사와 문화의 측면에서 소환된 도구적 실체인지의 차이가 있는 셈이다. 도구적 실체라고 보는 입장에서는 공동체의 유지와 결집, 때로는 위기 극복을 위해 민족의 개념이 성립된 것으로 이해한다.

이러한 '민족'에 대한 논의와 '민족주의'에 대한 논의는 별개다. 민족이 언제 어떻게 발생했는지에 대한 의견은 분분하지만, 정치적 이데올로기로서의 민족주의에 대해서는 근대에 발생한 것으로 보는

버스
(프리다 칼로, 1929년)

아이를 안은 인디오 여인, 혼혈의 노동자와 여성들
그리고 백인이 버스를 기다리는 장면이다. 민족주의는 공동체에서
차별과 통합을 동시에 만들어내는 이중성을 가지고 있다.

처음 하는 정치학 공부

데 큰 이견이 없다. 즉 민족과 민족주의는 다르다는 말이다.

고대 사회에는 중세 사회보다 훨씬 더 광범위한 공동체 의식이 존재했다. 유럽의 로마제국, 중국의 상·은·주나라, 우리의 고조선 등은 고대인에게 '우리'라는 의식 그리고 우리와 다른 '그들'이라는 의식을 가능하게 한 연결고리였다. 이들 고대 국가는 현대 국민국가들에 비해 실제적으로 개인의 삶을 국가의 통제하에 두거나 개개인을 체제 속으로 규격화하지는 못했지만, 각 개인에게 자신을 집단화하고 그 집단과 동질화할 수 있는 의식을 심어주었다.

그러나 역사가 전개되면서 고대의 질서가 붕괴하고, 외적으로는 정치적 집단이 여러 국가로 나뉘고 내적으로는 신분과 계급에 의해 지배층과 피지배층으로 나뉘면서 '우리'라는 관점은 희미해졌다. 이에 따라 민족적 공동 의식보다 신분과 계급에 의한 공동 의식이 강해졌다. 즉 조선시대의 양반에게 '우리'란 '양반'을, 천민에게 '우리'란 '천민'을 뜻하게 되었다. 특히 서양의 중세처럼 고대적 질서가 붕괴되고 파편화된 세계에서는 이러한 생각이 더욱 강력해졌다. 그럼에도 사람들을 단결시킬 정신적 장치가 필요했는데, 이때 광역적으로 사람들을 묶는 이데올로기는 민족이 아니라 '종교'였다. 중세 서양에서는 기독교가 그 역할을 했고, 전근대 한국 사회에서는 불교나 성리학이 그 역할을 맡았다.

그러나 종교에 의한 통합은 종교가 고등 종교가 될수록 보편적 가치를 추구함으로써 전 지구적 통합의 방향으로 나아감에 따라 현실의 정치 세계에서 적과 나를 구분하는 의미가 퇴색되어갔다. 다시 말해 프랑스와 독일, 영국은 각기 다른 문화, 정치, 언어를 가졌지만 기독교 세계는 이들의 구분을 무의미하게 했다.

따라서 민족주의는 고대의 제한적이고 특권적인 공동체를 자유롭고 평등한 근대적 시민공동체로 만들고자 한 계몽사상에 뿌리를 두는 동시에, 정치권력은 분권적이었지만 정신세계가 통일되어 있던 중세 시대가 막을 내리고 광역적인 국민국가가 탄생함에 따라 전 세계가 아닌 국가의 배타적 이익에 충실한 국가주의에도 그 기반을 두고 있다.

민족주의는 그리스의 시조 헬렌, 로마의 시조 로물루스, 한국의 시조 단군과 같이 민족 구성원이 단일한 조상의 후손임을 강조함으로써 공동체 안에서의 평등과 타 공동체와의 구분을 동시 주장한다. 이렇게 민족주의는 근대 계몽주의와 국가주의에 영향을 받아 근대 국가의 성립에 큰 영향을 주었다. 우리말에서는 '국가'와 '민족'을 다른 단어로 칭하지만, 영어, 독일어, 프랑스어에서는 두 단어 모두 'nation'으로 국가와 민족을 구분하지 않는다. 근대 이전에는 국가를 'state'나 'commonwealth'로 주로 표기했지만, 서구의 근대 국가가 주로 민족을 단위로 형성되면서 이 둘의 구분이 무의미해진 것으로 보인다.

민족은 영토, 언어, 문화, 종교 등 객관적으로 검증 가능한 요소들을 바탕으로 중세의 공동체보다 훨씬 더 광역적인 외연을 가진다. 그리고 그 안에서 수평적이고 평등한 관계를 구축함으로써 지금껏 어떤 정치사상보다도 더욱 단합되고 끈끈한 연대의식을 구축했다. 그러나 민족주의는 자본주의, 사회주의, 자유주의처럼 그 자체로 국가의 이념적 토대가 되기에는 경제적, 정치적 자립성이 낮기 때문에 다른 사상들과 결합해 등장하곤 한다. 북한이나 중국의 '민족주의적 사회주의'나 히틀러의 나치나 일본의 '민족주의적 자본주의' 식으로 말이다.

민족주의는 인간의 역사 속에서 지속되었던 계급과 수직적 인간관계를 해체하고 공동체 내에서의 상호 호혜적이고 평등한 관계를 구축했다. 또한 서구 열강의 제국주의에 맞서는 공동체적 단결을 이끌어냄으로써 제3세계의 해방구 역할을 하기도 했다. 그리고 상류층이 독점해온 문화 현상들을 공동체 내의 보편적 현상으로 확산시켰다. 중국의 변법자강운동°이나 구한말(조선 말기에서 대한제국까지의 시기) 개화파의 개혁, 유럽 슬라브 귀족들의 다양한 개혁 시도들이 실패한 이유 중 하나는, 그 개혁의 내용이 공동체 내 보편적 문제가 아니라 일반 민중은 이해하기 어려운 국가의 체제 등에 대한 것이었

● 청일전쟁에서 청나라가 패배한 이후 절충적 개혁인 양무운동의 한계를 느끼고 캉유웨이, 량치차오 등이 중심이 되어 정치, 교육, 법 등 사회 전반의 제도를 근본적으로 개혁하려고 했던 운동이다.

기 때문이다. 19세기 말은 귀족 계층이 사회를 주도할 능력을 상실한 시기였으며 민족주의는 지배계층이 아닌 민중 전체의 보편적 공감대를 바탕으로 사회적 개혁이나 제국주의로부터의 독립을 시도했다. 그래서 이 당시 성공한 독립이나 혁명들은 특별한 계급이나 계층에 의한 것보다 민족 단위의 성취가 훨씬 많았다.

그러나 민족주의는 애초에 배타성을 전제로 하기 때문에 여러 부작용을 낳기도 했다. 민족주의가 저항적 성격을 지닐 때는 진보적 색채를 강하게 띠지만 그 사회나 국제사회에서 주도적 헤게모니를 쥐게 되면 나치즘과 같이 배타적 폭력성을 가지기도 한다. 오늘날에는 중국, 일본 등 강대국의 민족주의가 강화되는 경향이 있어서 주변국의 우려를 사기도 한다.

오늘의 키워드
자유주의

진화하는 이데올로기의
강자

다채로운 모습으로 등장하는
현대의 정치사상

#자유민주주의 #대한민국헌법 #자유주의 #로크 #입헌주의

자유주의는 사회주의, 보수주의와 함께 현대 사회를 대표하는 정치 이데올로기다. 그런데 자유주의만큼 다양한 모습을 가지고 있는 사상도 드물다. 그래서 자유주의를 흔히 카멜레온과 비교하기도 한다. 자유주의는 시대, 경제체제, 정치체제 등에 따라 모습을 바꾸며 존재해왔고 그 결과 현대 사회에서 가장 강한 영향력을 미치는 이데올로기가 되었다.

보통 대한민국은 자유민주주의를 선택했다고 말한다. 자유민주주의는 자유주의와 민주주의를 결합한 것으로 자유주의적 시장질서와 정치적 민주주의를 추구한다. 그러나 우리나라 헌법에는 의외로 자유민주주의라는 단어가 없다. 다만, 헌법 전문에 "자율과 조화를 바탕으로 자유민주적 기본질서를 더욱 확고히 하여"와, 헌법 제4조에 "자유민주적 기본질서에 입각한 평화적 통일 정책을 수립하고"라는 구절에서 비슷한 단어가 등장하기는 한다. 대한민국 사회에서 자유주의는 분단 현실에서 북한의 사회주의와 대척점으로 작용해 반공주의와 비슷하게 사용되기도 했다. 그러나 2차 이데올로기인 반공주의와 자유주의는 엄연히 다른 것이다. 자유주의는 사회주의와 별개로 탄생하고 전파되어왔으며, 심지어 사회주의의 영향을 받은 형태로 변화하기도 했다.

자유를 뜻하는 영어 'liberal'과 프랑스어 'ibérall' 그리고 독일어 'liberal'은 모두 라틴어 'liberalis'에서 유래한 단어다. liberalis는 '자유와 관련된', '너그러운', '자유롭게 태어난 인간에게 어울리는'이라는 의미이고, 명사형인 liberalitas는 개별 인간의 '귀하고 깨어 있는 사고방식과 행동방식'을 의미한다. 이런 사고방식과 행동방식은 개인의 능력이지만 그 개인에게만 이익이 되지 않는 능력을 뜻한다.

자유주의가 정치적 사상으로 자리를 잡은 것은 프랑스 대혁명 이후다. 자유주의는 개인주의, 자유, 권리, 입헌주의, 자본주의를 근간으로 삼는다. 프랑스 대혁명은 이들 가치를 정치사회에서 제도화한 사건이있다. 그러나 자유주의의 싹은 혁명 이전부터 유럽 곳곳에서 피어나고 있었다.

중세 이후 르네상스와 종교개혁 그리고 자연과학의 발전과 장원의 붕괴 및 도시의 탄생은 집단주의적인 서구의 정신세계를 개인주의적으로 바꾸어놓았다. 르네상스와 종교개혁은 신과 교회라는 집단 중심의 사고를 변화시켰다. 르네상스의 예술들은 이제 신이 아닌 인간 개인에게 관심을 가지기 시작함으로써 천국이라는 이상세계가 아닌 세속적 현실에 사회의 관심을 두게 했다. 이어서 르네상스는 개별 인간을 역사와 창조의 주체로서 새롭게 인식했다.

종교개혁은 그간의 교리에 대한 집단적 이해와 수도사를 통한 신앙체제에서 벗어나 개인이 신과 직접 만나게 했다. 이런 변화는 신의 창조의 주된 목적을 인간 공동체와 그 질서에서 자유로운 개인으로 바꾸어 생각하게 했다.

또한 자연과학의 발전은 자연과 우주의 법칙을 계시가 아닌 인간의 이성을 통해 알게 함으로써 인간 개인의 능력과 가능성을 사회적으로 더욱 확산시켰다. 그리고 근대에 이르러 장원이 붕괴하고 도시가 발전했는데, 집단이 생산과 문화의 원천이었던 장원과 달리 도시에서는 개인이 개별적으로 자신의 노동을 판매하는 자본주의적 생산이 이루어짐에 따라 장원보다 훨씬 큰 공동체임에도 불구하고 개인주의적 성향이 강하게 자리했다.

이런 와중에 프랑스 대혁명이 발생했고 이어서 미국 독립운동 등이 일어나며 집단적 전통들이 더욱 빠르게 해체되었다. 프랑스 대혁

풀밭 위의 점심 식사
(에두아르 마네, 1863년)

이 그림은 파격적 모습의 등장인물, 원근법 무시 등으로
당시 미술계의 권위와 전통 화법을 부정했다는 이유로 파란을 일으켰다.
자유주의 역시 전통적 권위와 질서에 대한 새로운 도전이자 여정이었다.

처음 하는 정치학 공부

명 이전의 귀족 사회에서는 다양한 계급의 조화로 사회가 구성된다고 보았으나 혁명 이후 자유로운 개인들의 연합으로 사회가 구성된다는 믿음이 확산되었다.

종교개혁과 존 로크의 사회계약론은 자유주의의 산파 역할을 하기도 했는데, 로크는 신이 부여한 자유로운 신체와 그 신체가 생산한 생산물에 대한 권리를 주창했다. 근대 서구 사회는 로크에 의해 개인의 신체적 자유를 천부적인 것이라고 여기게 되었으며, 이는 국가에 의한 신체의 구속, 고문, 억압은 물론 경제활동의 제한을 거부하는 사상으로 발전했다.

입헌주의 역시 자유주의의 중요한 기반이었다. 영국의 명예혁명* 이후 정치사회는 왕명에 의한 통치가 아닌 의회와 같은 입헌적 질서에 의지하게 됨에 따라 계급질서가 정치사회에서 사라지고 법치주의가 확립되었다. 법치주의는 법의 적용에 있어 귀족신분과 같은 예외를 인정하지 않고 평등을 주장함으로써 자유주의 확산에 기여했다.

자본주의와 자유주의 역시 그 관계를 떼어낼 수가 없다. 지주의 토지독점 상태에서 농업 생산을 하던 전근대와 달리 자본주의는 자본과 노동자가 개별적으로 계약을 맺으며 생산을 하고 생산수단

---

* 1688년 영국에서 제임스 2세의 폭정에 맞서 일어난 시민혁명으로, 유혈 사태 없이 정권 교체를 이뤘기에 이런 명칭이 붙었다.

의 소유에 대한 신분적 제한을 두지 않음으로써 사회적 노동과 생산을 개별화했다. 그리고 '보이지 않는 손'으로 대표되는 자유주의적 자본주의는 경제체제에 대해 국가의 개입을 최소화함으로써 자유주의의 경제적 맥락을 완성했다.

자유주의는 이러한 특성에도 불구하고 현실적 조건에 따라 그 모습을 달리해왔다. 초기 산업사회에서 자유주의는 개인과 경제활동에 대해 국가와 사회의 간섭을 최소화시키고, 국가는 사회의 안전을 보장하는 역할로 축소되면서 소위 '야경국가'를 탄생시켰다. 이때의 자유를 '소극적 자유'라고 말한다. 그러나 당시 자유는 부르주아라는 새로운 계급을 만들어냈으며, 국민국가의 탄생으로 국가 간 자유로운 무역이 아닌 보호무역의 시대가 도래하자 자유주의는 큰 위기에 봉착한다.

이후 자유주의는 모습을 진화시킴으로써 스스로 발전을 도모했다. 부르주아와 프롤레타리아의 등장은 경제적 자유와 정치적 자유가 서로 일치하지 않는 문제를 가져왔다. 경제적으로는 계급이 발생했지만 정치적으로는 1인 1표라는 보통선거권 같은 평등의식이 확산되어갔다. 이뿐 아니라 보호무역과 국가주의의 확산은 자유주의에 입각한 자본주의의 생산과 이윤 저하의 문제를 가져왔고 결국 경제활농에 국가의 개입을 인정할 수밖에 없게 되있다. 소극적 자유는 더 이상 자유가 아닌 개별 노동자에 대한 억압이 되었으며 이에 따라 국가의 개입으로 국민 전체의 자유를 확산하고자 한 사회적 자유주의가 '적극적 자유'라는 이름으로 등장했다. 이러한 적극적 자유주의는 자유, 권리, 입헌주의, 자본주의의 원리는 그대로 두되 개인주의의 영향을 축소시켰다. 국가가 개인의 경제활동에 개입하는 것을 반대하지 않음으로써 자유주의는 분배와 복지를 자유의 제한이 아닌 적극적 자유를 보장하는 것으로 받아들였다. 이렇게 수정된 자유주의는 현대 이데올로기의 가장 대표적인 사상이 되었다.

그러나 자유주의는 신자유주의나 자유지상주의 등 다양한 이념적 스펙트럼으로 다시 분화되고 있으며, 심지어 사회주의 진영에서도 자유주의를 받아들인 '사회민주주의'가 탄생하기도 했다.

자유주의는 사회주의와 달리 이상사회를 지향하지 않고 현실적 질서 속에서 억압을 거부하고 자유로운 사회·경제활동을 영위하고자 한다. 자유주의는 권위주의를 거부함으로써 20세기 초 확산된 파시즘과 국가주의의 가장 큰 적이 되었다. 그러나 동시에 자본주의의 가장 큰 무기로서 근대 노동착취의 이념적 토대를 제공하기도 했다. 이후 자유주의는 평등주의적 원리를 사회주의와는 다른 형식으로 받아들임으로써 복지국가와 같은 현대 후기 산업사회의 이데올로기가 될 수 있었다. 현대의 자유주의는 신분으로부터의 자유만을 바라본 고전적 자유주의와 달리 구성원 모두의 자유를 평등주의적 관점으로 그 과정과 수단에서 보장하려 한다. 그러나 좌파적 관점에서 자유주의는 구성원 전체의 자유가 아닌 자본가의 무제한적 자유만을 보장한다는 비판이 여전히 이어지고 있다.

오늘의 키워드
보수주의

우리 아버지는
왜 보수적일까?

**변혁에 대한
반작용**

#한국_사회 #보수주의 #프랑스_대혁명 #샤토브리앙

해방 이후 한국 사회는 정치적으로 늘 양분되어 있었다. 해방 직후에는 신탁통치에 대한 찬반과 좌우 분열이 있었고 한국전쟁 이후에는 민주와 반민주, 지역주의 등으로 정치적 분열을 겪었다. 냉전과 민주화의 시기가 어느 정도 끝난 2000년대 이후로는 진보와 보수가 한국의 정치사회를 이분하는 두 진영으로 자리 잡았다.

정치적 환경과 정권에 따라 진보와 보수는 엎치락뒤치락하면서 주도권을 주고받고 있지만 21세기 이후 한국 사회는 평균적으로 거의 비슷한 비율로 나뉘어 있다고 보아도 무방하다. 그런데 진보와 보수는 각자가 '주의'라는 독립적 이데올로기로 성립이 될까? 흔히 한국 사회에서 진보는 유럽식 사회민주주의, 보수는 미국식 자유민주주의를 표방한다고 주장하지만 진보가 반드시 사회민주주의를 뜻하는 것도, 보수가 자유민주주의를 뜻하는 것도 아니다. 오히려 다른 나라, 특히 구동구권에서는 보수가 사회주의 계열의 정치집단과 사상을, 진보가 자유주의적 의미로 이 둘의 뜻이 반대로 쓰이기도 한다.

그렇다고 진보와 보수가 단순히 변혁이나 복고를 의미하는 것은 아니다. 진보주의와 보수주의는 그 자체가 이데올로기로서 작용을 하기도 한다. 진보주의는 그 자체로 의미를 가지기보다는 자유주의, 사회주의와 같이 개별 이데올로기의 모습을 띠는 경우가 많다. 그러나 보수주의는 그 자체로 현대 사회에서 영향력이 있는 이데올로기로 자리하고 있다. 반공주의와 같은 특정 사상에 대한 거부가 아니라 보수 그 자체가 자신의 철학을 채우기도 했기 때문이다.

보수주의는 자유주의, 사회주의와 함께 지난 200여 년간 서구 정치사회의 주요한 이데올로기였다. 보수주의는 어감상 오랜 역사를 지니고 있을 듯하지만 자유주의, 사회주의와 마찬가지로 근대에 발생한 정치 이데올로기다.

보수주의는 프랑스 대혁명 시기에 혁명에 대한 방어적 개념으로 탄생했다. 프랑스 혁명과 그후 로베스피에르Maximilien de Robespierre (1758~1794) 등의 공포정치는 기존 질서에 익숙하거나 기존 질서에 가치를 부여하고 있던 사람들의 커다란 반발을 가져왔고 이런 반발은 테르미도르 반동*, 왕정복고 등을 거치며 사회적 또는 이론적으로 조직화되기 시작했다.

보수주의라는 단어가 처음 대중적으로 사용된 것은 1818년 샤토브리앙François-René Chateaubriand(1768~1848)이 〈보수주의자Le Conservateur〉라는 잡지를 창간하면서부터다. 이때부터 보수주의는 민주주의 이념의 확산을 막고 왕정복고의 정당성을 옹호하는 뜻을 가졌다. 이러한 의미는 왕당파로 분류되는 영국의 토리당에서도 널리 사용되었다.

이후 시간이 지나면서 보수주의는 다양한 의미로 사용되면서 왕정에 대한 옹호를 넘어 보다 보편적 이데올로기로서 자신의 철학을 만들어갔다. 특히 근대를 상징하는 계몽주의와 프랑스 대혁명 이후 확산된 평등주의, 자유주의, 개인주의, 민주주의, 합리주의, 사회주의, 유토피아주의 등에 대한 반발을 바탕으로 자신의 내용을 채워갔다.

계몽주의는 과학과 이성의 힘으로 비이성적, 종교적, 야만적 사고를 문명화시키고자 한 사상으로 개별 인간의 이성과 합리성에 대한

---

* 프랑스 대혁명 이후 1793년부터 권력을 잡은 로베스피에르가 무자비한 공포정치를 펼치다가 그 가혹함에 불만을 품은 반대파들에 의해 1794년 7월 27일 숙청을 당하며 자코뱅파가 몰락한 사건을 말한다. '테르미도르(Thermidor)'란 혁명 때 제정된 프랑스 혁명력(후에 나폴레옹에 의해 폐지) 중 11번째 달을 의미한다.

로베스피에르와 추종자들의 처형
(작자 미상)

보수주의는 프랑스 혁명의 급진성에 반대한 테르미도르 반동처럼
변혁에 대한 반작용으로 등장했다. 보수주의는 계몽주의가 인간의 이성을
과신한다고 보며, 급격한 변화에 대한 거부감을 나타낸다.

확고한 믿음을 바탕으로 한다. 그러나 보수주의는 계몽주의가 추진하는 개혁성을 급진성과 돌발성으로 받아들인다. 보수주의의 입장에서 계몽주의 같은 시도는 불확실성에 공동체의 운명을 맡기는 모험과도 같기 때문이다.

흔히 보수주의는 애국적 또는 민족주의적 색채를 강하게 띤다고 보지만 유럽의 전통적 의미에서 보수주의는 국가 그 자체보다 전통적인 사회집단의 권위를 중요시한다. 보수주의자에게 이런 권위는 개인으로부터 가족, 길드, 교회 그리고 국가에 이르기까지 위계를 가지면서도 각각이 신에게서 부여받은 자율성과 자유를 보장받는다. 따라서 이들은 국가를 중시하면서도, 국가보다는 교회나 가족 그리고 길드(요즘으로 치면 생계를 위한 자신의 이익집단)의 자율성과 그 가치를 더욱 중요시한다. 보수주의자들은 프랑스 대혁명 때 자유·평등·박애와 같은 국가 단위의 일반적 이데올로기가 개별적 가족 단위의 삶을 급진적으로 변화시키는 것에 대한 거부감이 있었다. 이는 소수 사람들의 개혁의지로 권력을 잡은 국가가 개별 단위의 삶에 들어와 자신이 고수하던 사회적 질서를 재조정하는 데에 대한 저항이기도 했다.

그렇다고 보수주의가 자유주의처럼 국가의 중앙집중식 권력을 거부하고 작은 정부를 지향하는 것은 아니다. 보수주의는 오히려 국가가 강력한 통제력으로 교회, 길드, 가정의 독자성을 보호하고 전통적 질서의 확장과 유지를 이어가는 역할을 해야 한다고 본다. 한국의 보수주의가 시장질서, 자유주의를 내세우면서 모순적이게도 막상 지난 권위주의적 정부들을 호의적으로 평가하는 것은 바로 이런 맥락으로 해석될 수 있다.

반면 보수주의에게 민주주의는 호의적인 평가를 받지 못한다. 보수주의의 시각에서 민주주의는 평등이라는 원칙으로 인간의 다양성을 파괴하고 평준화시킴으로써 사회의 활력을 약화시키고 무표정한 관료와 군중들만 양산할 뿐이다. 프랑스 혁명과 같은 근대 민주적 가치의 확산은 보수주의자에게 오랜 시간 동안 삶의 영역에서 더욱 친밀하고 융통성이 있던 전통적 가치와 조직의 붕괴로 이해됐다. 만인에게 평등한 것으로 제시되는 법과 관료제는 오히려 전통 사회의 다양성을 파괴하는 일관적이고 획일화된 국가권력의 확장으로 받아들여진다.

역사적으로 보수주의는 크게 두 가지 맥락으로 나타났다. 하나는 교회라는 종교 중심적 사고였고, 다른 하나는 인간 이성의 개별성을 부정하고 역사적 이성을 중시하는 철학적 사고다. 이 둘의 공통점은 인간의 개인적 사고능력의 불완전성을 확신한다는 점이다.

전자는 영국 헐대학교University of Hull의 정치철학 교수 오설리반Noël O'Sullivan 등에 의해 연구되었는데, 세계는 창조주가 부여한 질서로 구성되어 있기 때문에 불완전한 인간의 개혁이나 혁명은 그런 신적 질

처음 하는 정치학 공부

서를 어지럽힌다고 보는 입장이다. 후자는 독일의 법학자이자 정치학자인 카를 슈미트Carl Schmitt(1888~1985) 등에 의해 주창되었는데 인간사회의 역사성이나 법칙성에 큰 가치를 두면서 특정 집단이나 시기에 큰 규모의 개혁이나 혁명은 위험하다는 것이다. 이런 입장은 독일의 철학자 칸트Immanuel Kant(1724~1804)와 영국의 과학자 뉴턴 이후 인간의 개별적 이성과 합리성에 큰 기대를 건 근대 이성주의, 계몽주의에 대한 반발이기도 했다. 보수주의의 시각에서 근대 계몽주의는 인간을 신적 영역에 오르게 함으로써 전통적 가치, 자연환경, 공동체 등에 대한 무분별한 개조를 이루어갔는데, 인간의 이성은 완전하지 않기 때문에 이런 행위들은 큰 부작용을 낳는 것으로 보였다.

이런 보수주의는 격동의 시대인 근대에 전통적 가치에 대한 환기를 시켜줌으로써 근대화의 속도를 조절하는 한편, 사회의 혁명이 과도한 모험주의로 흐르는 데 제동을 걸기도 했다. 그러나 다른 한편 비합리적 행동주의를 찬양하고 공동체나 특정 지도자에 대한 개인의 전적인 예속을 주장하면서 전체주의적 민족주의로 귀결되기도 했다.

보수주의는 평소 잠재해 있다가 특정 가치가 위기에 당면했을 때 드러나는 경우가 많은데 한국 사회는 분단이라는 현실로 인해 보수주의가 상시적으로 드러나는 특징을 보이기도 한다.

오늘의 키워드
제국주의

영광스럽고 찬란했던 강도 행각

거창한 논리 뒤에
숨겨진 진실

#제국주의 #임페리움 #근대의_제국 #홉슨 #레닌 #데이비드_필드하우스 #네그리

다양한 정치사상 중에서 가장 감정적인 의미로 사용되는 사상을 꼽으라면 아마도 나치즘과 함께 제국주의가 앞자리를 차지할 것이다. '제국주의'라는 단어는 폭력적 지배자에 대한 저항과 저주의 의미로 사용되기도 하고, 때로는 논쟁 속에서 상대를 전체주의로 매도하기 위해 제국주의의 멍에를 씌우기도 한다. 예를 들어 북한은 '미제국주의 침략자'라는 표현을 종종 거론하고, 과거 서방 국가들이 구소련을 비판할 때도 '소비에트 제국주의'라는 말을 자주 썼다. 이처럼 제국주의에 관한 이론적 개념은 모호하거나 복잡하게 제시되곤 한다. 하지만 제국주의는 천년왕국주의나 공산주의처럼 실존하지 않은 이론상의 지향이 아니라 실존한 체제로서 이에 대한 명백한 이론적 분석이 필요해 보인다.

　제국주의imperialism의 어원은 라틴어 임페리움imperium이다. 임페리움은 동사 '명령하다imperare'에서 파생된 단어로, 로마의 민회나 원로원의 명령권 혹은 통제권을 의미했다. 이는 군사적 지배권까지 포함하는 의미로 권력을 자신의 영토 밖으로까지 확장하는 힘과 권능을 나타냈다. 로마 말기에 이르러서는 임페리움이 로마인의 타민족에 대한 지배권력imperium populi Romani이라는 의미로 사용되기도 했다. 로마제국은 라틴어로 'imperium Romanum'인데 이는 로마제국 권력의 확장성, 즉 로마가 타민족이나 타국에 대한 지배를 상시적으로 염두에 두고 있으며 로마의 지배는 로마제국의 영토 경계선에 머물지 않는다는 것을 의미하기도 했다. 다시 말해 당시 '로마제국'이라는 말은 단순히 로마가 재패한 국경선을 의미하는 것이 아니라 세계에 대한 지배권력과 그 역능을 말했다. 로마뿐 아니라 한나라나 페르시아제국과 같은 고대 제국은 자신의 광활한 영토만을 지배영역으로 보지 않았다. 영토 밖의 국가를 언제든 침공할 수 있다고 생각했고 침공하지 않더라도 자신의 법과 권능으로 타국을 지배했다.

　고대 제국들이 이러한 권능을 상실한 이후에도 당나라, 몽골제국, 오스만제국 등 많은 제국이 건설되었고, 19세기에 이르러서는 독특한 형태의 제국이 등장하기 시작했다. 대영제국 같은 서구 열강에

한국에서의 학살
(파블로 피카소, 1951년)

제국주의는 찬란하고 거창한 논리를 가졌지만
결국 가장 나약하고 힘없는 자에게 총과 칼을 겨눈다.

처음 하는 정치학 공부

의한 근대 제국들은 세계적 규모와 급속한 속도, 유례없는 식민지 수탈 등 이전 제국들과 그 모습이 사뭇 달랐다. 이전 제국들의 확장과 지배는 황제의 영광이나 잠재적 적 제거 그리고 제국의 가치나 종교의 전파에 목적이 있었다면, 근대의 제국은 식민모국의 경제적 번영과 재생산을 위한 목적이 강했다. 따라서 근대에 발생한 서구 제국들의 메커니즘을 감안할 때 당시의 제국주의는 고대 임페리움이 가지는 뜻, 즉 국가가 자신의 경계를 넘어 휘두르는 권력이라는 의미가 있었다.

서구의 근대 사회에서 제국주의는 나폴레옹 3세를 비난하는 의미로 처음 사용되었다. 나폴레옹 3세가 추구한 군사적 만용과 가부장적 독재를 풍자하는 표현으로 제국주의가 자리 잡았다. 그러나 서구의 식민지가 확대되고 영국이 세계의 재해권과 주요 식민지를 차지하면서 제국주의는 백인의 욕망을 나타내는 단어가 되었으며, 그 스스로는 자부심의 단어가 되었다. 그들은 아시아와 아프리카, 아메리카 대륙을 계몽하고 개화한다는 문명적 사명으로 스스로를 포장했다. 당시의 제국주의는 고대와 중세의 제국들과 달리 유럽 밖 세계에 대한 개발을 명분으로 유럽 세계의 내수 발전을 도모한다는 점에서 근대 시기에 나타난 독특한 현상이었다.

제국주의 이론의 원조는 영국의 사회경제학자 홉슨John Atkinson Hobson(1858~1940)이다. 19세기 중반 제국주의가 자본주의에서 발생하는 독특한 형태라고 이해했던 그는, 자본주의가 한 국민국가의 영역에서 한계에 도달하면 전근대적이고 비자본주의 영역을 유지하고 있는 해외 식민시장에 대한 수탈을 시도할 것이라고 예견했다. 그러나 그의 이런 견해는 당시 정치경제학의 주류를 이루고 있던 코브던주의Cobdenism*에 밀려 주목받지 못했다. 그러다 1880년대에 '대불황'이 지속되면서 자본가와 금융가들이 과잉생산과 과잉자본을 해소할 수 있는 시장으로 식민지에 관심을 돌렸다. 그리고 서구 열강의 식민지 개발이 심화되자 홉슨의 주장이 다시 조명받기 시작했다.

홉슨은 자본주의에서 발생하는 빈부의 격차가 과잉생산과 잉여자본의 과도한 축적이라는 문제를 낳는다고 보았다. 초기 자본주의에서 자본가에게는 너무 많은 부가 몰리고 프롤레타리아에게는 자신과 가족을 위해 소비할 수 있는 최소한의 돈도 남지 않는데, 이 때문에 공장에서 생산된 물건이 소비되지 않고 자본가는 어쩔 수 없이 과도한 금액을 저축하게 되면서 잉여자본이 사회에서 돌지 못하고 과도하게 축적만 된다. 이를 해결하기 위해 자본주의는 식민지 개척이라는 제국주의의 양상을 띠게 된다는 것이다. 홉슨은 마르크스와 달리 제국주의를 자본주의의 필연적 모습으로 보지 않고 빈부의 격차가 완화되면 제국주의 역시 그 자리를 잃을 것이라고 생각했다.

• 영국의 경제학자 코브던이 주장한 자유무역, 평화주의, 불간섭주의

러시아의 볼셰비키 혁명을 이끈 레닌Vladimir Ilyich Lenin(1870~1924)은 홉슨의 제국주의론을 마르크스주의적 입장에서 재해석했다. 레닌은 홉슨이 말하는 빈부격차의 완화가 '프티부르주아'의 순진한 환상이라고 비판하면서 제국주의가 자본주의의 필연적 모습이라고 설파했다. 그는 제국주의가 자본주의의 최종 단계라고 보았다. 레닌의 해석에 따르면, 제국주의는 자본주의가 자신의 틀 안에서 더 이상 발전할 수 없을 때 취하는 최후의 모습으로, 인류의 삶을 극단으로 몰아치는 폭력적 현상이었다. 레닌이 보기에, 자본주의는 제국주의에 이르러 독점자본과 금융자본의 폭력적 지배가 확립되면서 자본은 국경을 넘어 세계적 운동으로 거듭나게 된다. 이렇듯 지엽적 문제였던 자본의 문제가 제3세계 곳곳까지 확장되면서 자본이 자신의 유지를 위해 만든 세계적 운동인 제국주의는 이제 만국의 노동자가 단결할 수 있는 여건을 조성하게 된다. 이때 자본은 세계적 독과점 체계를 형성하며 국경 없는 자본의 권력을 만든다.

레닌의 제국주의론이 확산되자 서방 세계에서는 체제 수호를 위해 이를 비판하는 이론이 다수 등장했다. 영국의 역사학자 데이비드 필드하우스David Fieldhouse(1925~2018)는 홉슨과 레닌의 제국주의론을 과잉자본의 대외투자가 필연적으로 제국주의를 초래한다는 '투자제국주의론'으로 규정했다. 이를 통해 그는 투자 지역과 식민지배 지역이 일치하지 않는다거나, 식민지배는 경제적 요인보다 정치, 군사 등

전략적 요인이 더 강하게 작용했으며, 자본가의 과소 소비에서 비롯한 과잉자본의 발생과 자본의 수출에는 경제학적 오류가 있다고 지적했다. 그러나 홉슨이나 레닌의 제국주의론은 단순한 투자를 넘어 금융이나 투기자본이 타국의 경제를 침범하는 현상을 잘 보여주었고, 직접적인 식민지배가 아니더라도 금융자본을 통해 해당 국가를 통제하는 상황까지 설명해줌으로써 이런 비판들을 무력하게 했다.

한편, 오스트리아 출신의 미국 경제학자 슈페터Joseph Schumpeter(1883~1951) 등과 같은 일부 학자들은 제국주의와 자본주의의 연관 관계를 비판하며 제국주의적 팽창이 고대와 중세에도 흔한 일이었다고 말하기도 했다. 이들은 제국주의를 금융자본에 의한 것이 아니라, 호전적인 봉건귀족이나 민족주의에 의거한 영토에 대한 욕심의 발로로 보았다. 전자는 소수 정치인의 모험으로 간주한 셈이고, 후자는 징고이즘jingoism*과 같은 대중의 배타적 애국심 등의 심리가 제국주의의 요인이라고 여기는 셈이다. 그러나 이런 지적은 제국주의의 원인을 너무 피상화하거나 책임을 전가한다는 비판을 받는다. 이들은 제국주의가 봉건 사회의 잔여물이기 때문에 자본주의와 민주주의가 발전하면 제국주의도 사라진다고 말하지만, 이는 금융자본과 투기자본에 의한 제국주의를 설명하는 입장에서는 전혀 납득되

• 편협한 애국주의, 대외적 강경론 등

지 않는 견해일 수밖에 없다.

이외에도 프랑스의 이집트 지배와 같이 피식민지가 식민지배를 자처한다는 '주변부 제국주의론'도 있으나, 이는 식민지배의 책임을 전가하는 동시에 서구 열강의 식민모국이 지닌 팽창성을 부정한다는 점에서 그 설득력이 낮다.

2차 세계대전 이후 현대 사회에 이르러 다수의 식민지 국가들이 독립하면서 제국주의는 표면상 해체되는 양상을 띠었다. 두 차례의 세계대전으로 유럽 열강의 국력이 약해졌고, 직접 식민통치에 관심이 적은 미국이 강대국으로 부상했으며, 인류의 인식이 향상되면서 강대국이 약소국을 힘으로 지배하는 일이 명분을 찾기 어려워졌기 때문이다.

그러나 21세기에도 여전히 제국주의와 식민지배가 이어지고 있다는 사유도 있는데, 그중 하나가 '신식민지 이론'이다. 식민지였던 국가가 여전히 식민모국에게 경제적, 정치적으로 의존하며 금융과 자원을 유출당한다는 견해다. 아프리카의 국가들이 그 대표적인 예로, 사회경제 구조가 여전히 식민지 시대에 머물러 있는 탓에 그들의 잉여자본과 자원이 식민모국으로 흘러 들어간다는 것이다. 이런 상황은 해당 국가의 독재와 부패 등 정치적 불안성과 결합해 더욱 심화되고 있다.

또 이탈리아의 마르크스주의 철학자 네그리Antonio Negri (1933~)와 같은 학자들은 자본의 세계화로 국민국가가 쇠퇴하는 대신 초국적 자본의 권력이 강해지면서 범세계적 권력이 사실상 세계를 지배한다는 새로운 '제국' 이론을 주장하기도 한다. 이때 '제국'은 열강 시대의 제국과는 달리 영토를 직접 차지하지 않거나 국가의 경계를 넘나든다는 점에서 탈영토화, 특정 국가를 중심으로 하는 팽창이 아니라는 점에서 탈중심화를 그 특징으로 한다. 네그리는 제국주의는 끝이 났지만 새로운 형태의 제국이 초국적 자본을 바탕으로 세계를 지배할 것이라고 주장했다. 1970~1990년대에 이르러 국민국가가 세계화와 더불어 쇠퇴하는 양상을 보이기는 했으나, 21세기 현대 사회에 들어 미국, 중국, 러시아 등 기존 국민국가의 영역이나 민족주의가 더 강화되면서 자본이 국민국가의 욕망에 따라 분쟁과 조정을 거치는 모습이 나타나고 있어 이들의 주장에는 많은 비판이 따르고 있다.

처음 하는 정치학 공부

오늘의 키워드
사회주의

인간이 도전한
이상적인 사회

여전히 존재하는
패배한 정치사상

#사회주의 #개인주의 #로버트_오언 #공상적_사회주의 #마르크스 #엥겔스 #과학적_사회주의

　사회주의는 공산주의와 더불어 한국 사회에서 가장 금기시되는 사상이었다. 냉전 시기 북한의 이데올로기로서 남한체제를 위협하는 존재이자 민족을 망국으로 이끄는 위험한 정치사상이라고 여겨졌기에 반세기가 넘도록 그 사상을 탐구하는 것에는 어려움이 많았다. 그 탓에 남한 사회에서는 엄연히 다른 역사와 개념을 지닌 공산주의와 사회주의에 대한 구분도 어려웠으며, 다른 나라에 비해 사상적 다양성과 학문적 탐구 역시 제한적으로 이루어졌다. 동구권 몰락과 냉전의 종식 이후 한국 사회에서도 사회주의에 대한 학문적, 정치적 접근이 어느 정도 이루어지고 있다.

사회주의는 근대에 발생한 사상으로 그 용어가 처음 사용된 18세기에는 개인주의와 대립되는 개념이었다. 당시는 사적 소유의 철폐를 주장한 마르크스Karl Marx(1818~1883) 이후의 사회주의와 정반대의 의미로 사용되었다. 프랑스 혁명 이후 자유주의와 개인주의가 구시대의 귀족적 사회질서와 소유를 철폐해나가자 이에 대항하는 개념으로서 구시대의 사회적 가치를 옹호하는 입장으로 이 용어가 대두되었다.

그러다 19세기 들어 영국의 공상적 사회주의자 로버트 오언Robert Owen(1771~1858)과 그 추종자들이 영국 등지에서 '사회주의'를 실행에 옮겼다. 오언은 영국 맨체스터에 있는 가장 큰 방적 공장의 사장으로서 노동자의 노동조건을 좋게 하고 협동조합 방식으로 공장을 공동 운영하는 식으로 새로운 세상을 창조하려고 했다. 마르크스는 그들의 사회주의를 '공상적 사회주의'라고 평가했는데, 노동자의 계급성을 배제하고 있기에 정치투쟁이나 계급투쟁에 나서지 않게 되어 실질적 혁명이 실현될 수 없다는 것이 그 이유였다.

사회주의는 이상사회를 죽은 뒤에 천국에서 이루려는 기독교와 달리 인간의 이성을 통해 현실에서 이루려는 시도다. 사회주의에 큰 영감을 준 것은 계몽주의와 프랑스 대혁명이다.

서양의 근대에 발생한 계몽주의의 빛들은 당시 사회에 인간의 이성에 대한 자신감을 불어넣었다. 인간이 이성을 활용해 객관적 지

처음 하는 정치학 공부

식을 만들어내고 그 지식을 바탕으로 인간과 사회를 재구성해 통제 및 운영을 할 수 있다는 확신이 생긴 것이다. 사회주의는 이러한 계몽주의의 영향으로 현재 사회를 분석해 '혁명'이라는 인위적 개입을 통해 새로운 사회를 건설하려 했다. 프랑스 대혁명이 혁명의 현실적 가능성을 보여주었기에 사회주의는 혁명의 현실성에 대해 적극적인 자신감을 가졌다.

사회주의는 산업사회와 자본주의에 대한 반발, 그리고 자유주의적이고 개인주의적인 부르주아의 인간관에 대한 반발로 나타났다. 부르주아의 인간관은 인간을 개별적으로 독립적 주체로 바라봄으로써 개인의 자유와 소유를 절대적인 것으로 보았다. 이에 반해 사회주의는 인간이 사회적 존재로서 경제, 문화, 물질적으로 상호의존적이며 인간의 의식은 사회적 존재로부터 나온다고 보았다. 다시 말해 부르주아는 인간이 가진 자유, 사상, 믿음 등은 사회적 환경과 상관없이 초역사적으로 인간에게 주어진 능력이라고 간주했던 반면에 사회주의에서는 인간의 사상 등은 그 인간이 발을 딛고 있는 사회의 환경에 절대적인 영향을 받는다고 여겼다. 농경사회에서는 농경사회에 맞는 인간상과 그 사상이, 산업사회에서는 산업사회에 맞는 인간상과 사상이 생긴다는 것이다. 따라서 사회주의자들은 개인의 이익 추구와 욕망이 인간의 본성이라고 보았던 부르주아의 견해를 거부하고 그것을 농경사회에서는 없었던 자본주의 사회의 산물

모스크바 스베르들로프 광장에서 연설하는 레닌
(1920년)

흔히 사회주의 진영에서는 레닌을 마르크스의 사도바울에 비유한다.
마르크스의 이상은 레닌에 의해 현실화되었고
세계 곳곳으로 펴져나갔기 때문이다.

로 생각했다. 사회주의에서 초역사적인 것은 인간의 이성이라는 능력으로, 인간은 그 능력을 바탕으로 사회를 통제하고 개척할 수 있었다.

이런 관점에서 마르크스와 엥겔스Friedrich Engels(1820~1895)는 사회주의에 과학이라는 개념을 추가해 오언 등의 소극적이고 유토피아적이었던 사회주의와 구분하여 '과학적 사회주의'를 주장했다. 마르크스와 엥겔스는 모든 사회는 그 사회에 맞는 생산관계를 가지고 있으며, 사회의 성장으로 그 생산관계가 오히려 사회의 생산력 증대에 저해가 될 경우 혁명이 일어나고 그 다음 단계의 사회로 이행된다고 말했다. 그들은 원시 공산사회가 농업혁명을 통해 농경사회로, 농업사회가 산업혁명을 통해 자본주의 산업사회로 나아갔다고 보았으며, 산업사회는 사회주의 혁명을 통해 철폐되고 사회주의는 공산주의로 이행된다고 주장했다. 이러한 역사발전 모델을 '역사적 유물론' 혹은 '사적유물론'이라 부른다.

마르크스는 생산수단을 소유한 자본가가 이윤을 남기기 위해서는 노동자가 생산한 몫을 노동자에게 전부 줄 수 없기 때문에 노동자는 자신이 생산한 몫을 온전히 가지지 못하는 구조적 문제가 있다고 지적하며 이를 '착취'라고 칭했다. 즉 착취는 단순히 남의 재산을 갈취하는 것이 아니라 자본주의 생산방식에서 필연적으로 발생하는 모순인 것이다. 따라서 마르크스가 보기에 자본주의 사회에서 모든 노동자는 착취당할 수밖에 없었다. 이렇듯 마르크스는 자본주의의 문제를 분배의 문제가 아닌 생산방식 자체의 문제로 보았다. 또한 자본주의하에서는 생산설비 등에 대한 투자는 지속되지만 임금과 같은 고정 지출은 증대 또는 유지되기 때문에 이윤율이 지속적으로 감소할 수밖에 없다고 주장했다. 따라서 특정 정치세력에 의한 분배 등으로는 자본주의가 가진 모순을 해결할 수 없으며 사회주의로의 혁명이 필연적이라는 것이다.

사회주의는 개인이 소유하던 생산수단을 국가가 가지며, 자본주의적 생산방식을 국가가 통제하는 사회주의적 생산방식으로 바꾸는 것이다. 마르크스에 의하면, 공산주의는 사회주의가 완성된 다음에 국가가 소멸하면서 능력에 따라 생산하고 필요에 따라 소비하는 이상적 단계다.

마르크스는 자본주의체제에서 국가가 없는 공산주의로 바로 이행되는 것은 불가능하다고 보고 사회주의 단계의 강력한 국가의 존재를 인정했다. 레닌과 스탈린은 러시아 혁명 이후 이러한 마르크스의 관점을 바탕으로 소련을 건설했다. 마르크스는 애당초 산업이 발달한 영국이나 독일에서 혁명이 발생할 것이라고 생각했지만 서유럽에서의 사회주의 혁명은 대부분 좌초되었고 상대적으로 산업이 덜 발달한 러시아와 동유럽 등지에서 사회주의 혁명이 이루어졌다. 자본주의가 스스로 한계를 드러내며 혁명이 연쇄적으로 일어날 것이라는 마르크스의 예상과 달리 소련 중심으로만 혁명이 일어나고 오히려 소련이 고립되자, 소련의 정치인인 스탈린Joseph Stalin(1879~1953)은 세계 혁명 노선을 버리고 소련의 사회주의를 완성하고자 '일국사회주의론'을 설파했다. 스탈린 이후 소련은 중공업 위주의 경제정책을 추진하면서 2차 세계대전의 상흔과 서구 사회의 적대, 미국과의 과도한 군비경쟁 등에도 불구하고 1930~1940년에 연평균 10%가 넘는 성장률을 이뤘고 의료, 문화, 교육 등의 측면에서 높은 발전을 거뒀다. 그러나 공업화 과정에서 자행된 폭력은 민주주의를 압살했고, 저항세력에 대한 탄압과 교조적 관료제의 강화 및 기득권화는 소련의 위기를 가져왔으며, 소련의 초대 대통령 고르바초프Mikhail Gorbachev(1931~2022)가 '공개성'과 '재편'으로 위기를 극복하려 했으나 결국 실패하고 소련은 해체되었다.

사회주의는 서방 자본주의와의 경쟁에서 뒤로 밀렸고 주민의 기본적인 욕구 충족에 사실상 실패하며 1990년대 동구권의 몰락 이후 이른바 '패배한 사상'으로 여겨지고 있다. 중국 역시 사실상 국가자본주의의 형태로 국가를 운영하고 있으며, 중국과 소련의 분쟁 사이에서 어느 정도 독립성을 유지해온 아시아와 아프리카 등의 사회주의 국가 역시 북한과 쿠바 등을 제외하고는 껍질만 사회주의를 내세우지 사실상 자본주의체제를 받아들였다. 실질적인 체제로서 사회주의는 와해되었으며 그 가치는 저급한 것으로 평가받고 있다.

그러나 소련식 사회주의와 다른 방식으로 사회주의는 여전히 존재한다. 세계 각국의 이른바 사회주의 계열 정당들은 자본주의체제를 전면적으로 부정하는 대신 노동의 인간화, 자본주의적 독점에 대한 비판, 사회경제적 평등, 민주주의 확대, 인간의 보편적 권력 보장이라는 이념을 가지고 자본주의에 대한 비판자로서 나름의 역할을 수행하고 있다.

오늘의 키워드
민주주의

21세기의 가장 신성한 종교

완벽하진 않지만 희망을
기대할 만한 정치사상

#민주주의 #자유 #평등 #루소 #인민주권

민주주의는 현대 선진 사회의 자부심으로 여겨진다. 민주주의는 국민의 삶의 수준에 직접적으로 영향을 주기 때문에 국가의 선진화 기준에서도 민주화 정도는 중요한 척도가 된다. 민주주의는 1인 1표라는 보통선거권과 언론의 자유, 피선거권의 평등, 민주적 정당제도 등을 통해 보편적 자유와 평등에 가장 크게 기여한 사상이다. 특히 사회적 계급을 부정하기 때문에 민주주의가 한 사회에 자리 잡기 위해서는 많은 분쟁과 희생이 담보되어야 했다. 현재 민주주의는 실질적인 민주주의 국가든 아니든 상관없이 모든 국가가 추종하는 이념이 되었다.

재미있는 점은 2,500여 년에 걸친 민주주의의 역사 속에서 프랑스의 사상가 루소 정도를 제외하면 거의 대부분의 정치사상가들이 민주주의를 부정적으로 평가했다는 사실이다. 민주주의가 처음 발생한 고대 그리스의 아테네에서조차 플라톤Platon(BC 427?~BC 347?), 아리스토텔레스에게서 신랄한 비판을 받았으며, 현대에 와서도 슬로베니아의 철학자 슬라보예 지젝Slavoj Zizek(1949~), 프랑스의 철학자 자크 랑시에르Jacques Rancière(1940~) 등에게 문제점을 지적받고 있다. 지나치게 이상화되고 그 의미가 남용되고 있는 민주주의에 대한 반성이 필요하다는 지적이다.

　민주주의에 대해 제대로 이해하기 위해서는 민주주의가 선악을 판단하는 기준이 아니라 군주정, 과두정과 마찬가지로 통치의 한 형태임을 인식할 필요가 있다. 민주주의democracy라는 말은 그리스어 '데모크라시아democratia'에서 비롯되었다. 'democratia'는 인민people을 뜻하는 데모스demos와 지배rule를 뜻하는 크라토스kratos의 합성어다. 고대 그리스에서 데모스는 귀족이나 부자의 반대 표현으로 평민이나 하층 계급의 무리를 뜻했다. 그리고 이러한 무리들은 사회적으로 다수를 차지하고 있었다. 따라서 민주주의의 단어적 의미는 '인민에 의한 통치' 혹은 '다수에 의한 통치'로 정리될 수 있다.

　'인민에 의한 통치'라는 관점에서 보면 민주주의는 자유, 평등 그리고 인민주권의 개념을 담고 있다. '인민에 의한 통치'라는 단어는 오늘날까지 유효하지만 고대 그리스에서는 그 의미의 쓰임이 달랐다. 이 표현의 핵심 단어인 '인민'과 '통치'의 개념이 확장과 축소를 거친 것인데, 고대 그리스에서는 통치의 주체로서 인민은 시민권을 가진 자로 여성·외국인·노예·미성년자 등은 제외되었다. 민주주의의 발전사는 인민이라는 단어의 외연 확장의 역사이기도 하다. 이런 측면에서 민주주의의 발전은 재산, 교육, 성별, 신분, 종교, 출신 등에 따른 참정권의 제한을 극복해나가는 과정이었으며 오늘날에 이르러서는 미성년자, 정신병자, 범죄자, 국적을 취득하지 않은 외국인 등을 제외하고는 모든 참정권을 보장해야 민주국가로 인정된다.

'통치'는 '인민'과 반대로 그 의미가 축소되어갔는데, 고대 그리스에서 통치는 모든 사회 영역에 해당이 되었다. 아테네에서는 민주주의의 원칙에 따라 인민들이 직접 판결에 참여해 투표를 통해 '소크라테스'에게 사형을 선고하기도 했으며, 민주적으로 구성된 최고 의사결정기구인 민회에서는 언론의 자유를 제한하는 법률을 통과시키기도 했다. 고대 민주주의에서는 민회의 의사결정이 초법적이며 무소불위의 권력을 가졌지만 현대 민주주의에서는 의회나 대통령에게 그렇게 넓은 의미의 권력을 부여하지는 않는다. 그리고 그들이 어떤 결정을 내린다고 해도 그것을 무조건적으로 민주적 의사결정으로 받아들이지도 않는다. 이는 아테네의 민주주의가 직접민주주의였고 현대 민주주의는 대의제이기 때문도 있지만 '소크라테스의 사

루이 16세의 처형
(이지도르 스타니슬라스 헬만, 판화, 1793년)

루이 16세의 처형은 기존의 어떠한 반란과도 그 의미가 달랐다.
그의 목이 베어진 것은 수많은 왕 중 한 명의 목이 아닌
전 세계 모든 왕들의 권위가 참수된 것과 같은 의미를 지녔다.
이렇게 민주주의는 모든 태생적 권위를 부정하면서 태어났다.

형'과 같이 민주적 의사결정이 만능이 아니라는 역사적 교훈에 따른 것이기도 하다. 이런 역사적 교훈은 권력분립과 관료제로 이어졌다.

아테네의 민주주의는 기원전 6세기에 솔론Solon(BC 630?~BC 560)의 개혁으로 시작되어 기원전 5세기 페리클레스Perikles(BC 495?~BC 429)의 통치 아래 그 절정을 맞이한다. 그러나 고대 그리스의 철학자 플라톤은 민주정을 과두정 다음으로 가장 타락한 정치 형태라고 비판했으며, 그의 제자인 아리스토텔레스 역시 민주정에 대한 비판을 이어갔다. 이들에 따르면 민주정은 다수의 시민들이 공동의 가치와 선을 추구하는 것이 아니라 저마다 자신의 이익 혹은 집단의 이익을 위해 통치를 활용하는 정치 형태였다. 그리고 당시 민주정 하에서는 공평한 권력분립을 위해 행정적, 사법적 지위를 투표가 아닌 추첨을 통해 임명했는데, 플라톤이 보기에 이런 방식의 통치 형태는 욕망과 무능력이 난무할 수밖에 없었다. 그래서 플라톤은 능력이 있고 욕망이 절제된 철인 1인에 의한 통치를 주장하기도 했다.

민주주의는 아테네 붕괴 이후 2,000여 년간 공백기를 갖다가 17세기 후반에 들어서야 역사에 다시 모습을 드러냈다. 근대의 민주주의는 민주적 열망에 의해 출발하지 않았다. 영국의 명예혁명, 프랑스 대혁명 등 혁명의 시기를 거치며 대두한 자유주의가 그 정당성을 설파하는 과정에서 민주주의가 역사의 장에 자연스레 끌려나오게 되었던 것이다. 민주주의가 가진 중요한 가치는 '평등'인데 자유주의에서 '평등'은 '자유의 평등'일 뿐 그 이상을 의미하지는 않았다. 그러나 자유주의가 봉건주의와 신분제와 싸우기 위해서는 '평등'의 가치를 주장할 수밖에 없었다. 귀족들로부터 부르주아의 자유를 보장받기 위해서는 인간이 모두 평등하며 인간의 모든 권리는 신이 공평하게 나눠줬다는 '천부인권'을 주장해야만 했다. 이러한 자유는 부르주아의 배타적 자유에 대한 국가와 귀족의 간섭을 배제하고자 했던 것이었지만 부르주아와 일반 민중들 사이에는 봉건적 신분질서상 큰 차이가 없었기 때문에 결과적으로 평등을 매개로 한 민주주의 의식이 확산될 수밖에 없었다.

물론 이 당시 일어난 명예혁명과 프랑스 대혁명은 그 과정과 결과가 전혀 민주적이지는 않았다. 산업사회의 또 다른 신분인 '재산'은 참정권의 차별을 가져왔다. 이들 자유주의 혁명은 원하든 원치 않든 '자유', '평등', '박애'라는 정신을 보급하고 보편화하는 데 기여했지만, 영국의 과두정이나 프랑스의 나폴레옹 독재와 같은 비민주적인 통치의 형태로 나아갔다. 자유주의는 독점된 자유의 보장을 위해 재산과 성별로 참정권을 제한했다. 미국의 경우 부동산을 소유한 백인 남성만 투표권을 가졌으며, 독일에서는 노동자 30명의 표가 자본가의 1표와 같은 효력을 가졌다. 영국 역시 남성의 보통선거권은 1918년, 여성의 보통선거권은 1928년이 되어서야 주어졌다.

민주주의가 자유주의에게서 이념적 양분을 받았다면 실천적 영향은 사회주의로부터 받았다. 당시 사회주의는 분배와 생산수단의 사회화 등 모든 계층에게 동일한 참여와 분배를 요구했다. 사회주의의 조직화와 사회적 유행은 개념적으로만 존재했던 자유와 평등의 가치를 현실적 영역에서 확장시켰고 민주주의는 이를 학습해 실질적 이데올로기로 주장되기 시작했다.

민주주의는 1인 1표라는 보통선거권에 대한 주장을 핵심으로 전파되기 시작해 서구뿐 아니라 전 세계에서 여러 투쟁을 거치며 확산되고 자리를 잡았다. 현대에는 자본주의적 자유와 결합한 자유민주주의, 자본주의와 사회주의를 수정한 복지국가를 지향하는 사회민주주의, 대중성이 지닌 혼란을 최소화하기 위해 대의제를 극대화하며 사회주의 국가에서 채택하는 인민민주주의 등 다양한 민주주의들이 난립한다.

민주주의는 다수의 참정권을 확보한다는 점에서 현대 정치에서 정의이자 목표로 자리 잡고 있다. 그러나 자본주의와 사회주의라는 체제 경쟁에 따른 현실적 모습의 차이와 그 장단점은 차치하더라도 민주주의 자체가 가진 문제에 대한 질문들이 지금도 계속 제기되고 있다. 민주주의는 다수의 의견으로 권력을 발생시키고 통치를 이어가는 것인데 현대 사회에서 '다수의 의견'이 과연 다수의 의견인가라는 문제가 있다. 즉 다수의 의견은 자본이나 문화 등을 통해 소수에 의해 기획 혹은 조정될 수 있다는 주장이다. 자본과 정보가 독점

되는 사회일수록 이러한 기만이 고도화되기도 한다. 다수의 의견이 선이라는 민주주의의 근간과 믿음이 흔들리고 있는 것이다.

또한 다수의 의견이 권력을 잡음으로써 그 다수가 절대적이든 근소한 차이든 권력을 독점함에 따라 반대의 의견은 배제 혹은 동정의 대상이 된다. 대한민국 역시 역대 대선에서 전 국민의 지지를 과반 이상 득표한 후보가 전무함에도 대통령이 권력을 독점한다는 것은 '대표되지 않는 민의와 권력'이라는 민주주의의 공백을 드러내기도 한다.

하지만 이러한 난제에도 불구하고 민주주의는 현재 그 대안이 없다는 점에서 가장 유력한 정치체제가 되어 있다. 민주제가 아닌 군주제나 과두정, 사회주의적인 독재체제 등이 가져온 부작용과 폐단을 인류가 2,000년 역사 속에서 학습해왔기 때문이다.

현재 민주주의는 모든 사람이 주권을 가진다는 목표와는 현실적으로 다소 떨어져 있기는 하지만 그 지향과 가치 그리고 지난 불평등과 차별을 철폐해온 역사를 볼 때 희망을 기대할 수 있다. 그러나 이러한 희망은 현실의 민주주의가 완결되고 완벽한 체제가 아니라는 반성 속에서만 이루어질 수 있을 것이다.

오늘의 키워드
아나키즘

만물은
서로 돕는다

국가나 정부는
꼭 필요한 것일까?

#아나키즘 #무정부주의 #견유학파 #크로포트킨 #만물은_서로_돕는다

우리는 국가 없이 살 수 있을까? 아니 그것이 가능하다고 상상은 해볼 수 있을까? 이러한 생각에 천착하고 그 생각을 치열하게 실천한 사람들이 있다. 그들의 사상을 우리는 '아나키즘'이라고 부른다. 아나키즘의 어원은 그리스어 anarchos로, '지배자가 없다' 혹은 '통치의 부재'라는 뜻이다. 흔히 무정부주의라고도 번역되는 아나키즘은 고대와 중세에서도 그 흔적을 찾을 수 있다.

고대 그리스에는 견유학파°라고 불리는 이들이 있었는데, 이들은

● 고대 그리스에서 개는 자유롭게 도시를 어슬렁거리며 잠을 자고 밥을 먹었다. '견유(犬儒)학파'는 그러한 모습에서 그 스스로를 개에 비유하며 사회의 모든 구속으로부터 자유롭기를 주장했다.

법과 국가체제가 아닌 자신의 덕에 따라 행동해야 한다고 주장했다. 서양의 사상에서는 최초로 문명의 모순을 지적하면서 문명보다는 인간 개인의 가치와 삶이 더 우선시되어야 한다고 생각했던 것이다.

이러한 생각은 중세에도 이어졌다. 서양의 중세에는 국가의 체제는 미약하고 교회의 권위가 훨씬 강력했는데 교회의 폭압적 지배를 거부한 소규모 수도원들을 중심으로 국가와 교회 없이 자급적이고 자발적인 공동체를 만들려는 움직임이 일었다. 이들은 자율성과 종교적 독립을 요구하며 자신들의 교회와 공동체를 만들고자 했으나, 교황과 영주들에 의해 이단으로 규정되고 대부분 잔인하게 진압되었다.

잊혀가던 아나키즘이 다시 사회 정면에 등장한 것은 프랑스 혁명 이후다. 그런데 이때의 아나키즘은 폭압에 맞서 자유를 꿈꾼 중세 시기의 의미가 아니라, 당시 보수세력들이 급진적 개혁을 추진하던 자코뱅파를 비난하면서 "재산을 약탈하고 개인의 생명을 유린하며 혼란과 공포를 조장하는 세력"을 지칭하는 표현으로 사용되었다.

그러다 산업사회와 제국주의 열강의 시대가 절정을 맞이한 19세기에 이르러 아나키즘은 하나의 정치사상으로 주장되기 시작했다. 아나키즘은 앞서 소개한 '사회계약론'과 정반대의 시각을 가진다. '사회계약론'은 인간은 국가가 없는 자연상태에서는 서로를 공격하고 파괴한다는 믿음에서 출발한다. 홉스는 "인간은 인간에게 늑대이다"

라는 유명한 명제를 남겼는데, 인간은 욕망의 동물이기 때문에 그 욕망을 통제하고 조절하는 강제장치로서 국가가 없으면 생명이 위험하다고 여겼다.

아나키즘은 바로 이런 생각이 국가와 권력이 조장한 환상으로 자연상태에 대한 공포심이 수백 년간 사람들의 사고에 각인된 것이라고 보았다. 따라서 우리가 스스로 권력의 지배에 동의하고 스스로 행동의 제약을 가한다면 개인의 자아실현과 인류의 진보를 막게 될 것이라고 생각했다. 주장하는 사상가들에 따라 아나키즘은 다양한 형태를 띠지만, 그들이 공통점으로 말하는 점은 자연적 존재로서 인간은 생태계에서 여느 동물들이 그렇듯 주변과 조화를 이루고 돕고 사는 호혜적 존재라는 것이다. 아나키즘을 주장한 대표적 철학자인 크로포트킨Pyotr Alekseyevich Kropotkin(1842~1921)은 그의 대표 저서《만물은 서로 돕는다》를 통해 사회계약론이 조장한 공포는 개인과 그 생산물에 대한 수탈을 위해 국가와 권력이 만든 환상이며, 인간은 계속되어온 생물학적 진화를 통해 자신의 공격성을 자제하고 스스로 평화와 안정을 구축할 수 있는 지적 존재로서 국가라는 강제장치 없이도 평화롭고 생산적인 공동체를 만들 수 있다고 주장했다.

아나키즘이 단일한 국가나 권력체제를 거부하듯이 그 주장의 형태도 다양하게 존재한다. 유신론적 아나키즘과 무신론적 아나키즘, 평화적 아나키즘과 폭력적 아나키즘, 반문명적 아나키즘과 과학 테

농가의 혼례
(피터르브뤼헐, 1568년)

아나키즘은 인간의 선함과 호혜성을 믿는다. 국가의 통제는 오히려
욕망을 생산하며 차별과 범죄를 만든다. 아나키스트들은 국가가 없어지고
인간이 완전한 개인이 되었을 때 역설적으로 공동체가 회복된다고 믿었다.

처음 하는 정치학 공부

크놀로지의 세계로서 아나키즘, 상호호혜적 아나키즘과 개인주의적 아나키즘, 공산주의적 아나키즘과 자본주의적 아나키즘, 가부장적 가족제도를 옹호하는 아나키즘과 페미니즘적 아나키즘 등 다양한 아나키즘 안에서도 그 생각의 대립이 첨예하다.

그럼에도 불구하고 아나키즘은 인간을 개인적 존재로 보느냐 사회적 존재로 보느냐에 따라 크게 개인적 아나키즘과 사회적 아나키즘으로 나눠볼 수 있다. 전자의 경우 막스 슈티르너Max Stirner(1806~1856, 독일), 윌리엄 고드윈William Godwin(1756~1836, 영국), 로버트 울프Robert Wolff(1933~, 미국) 등이, 후자는 프루동Pierre Joseph Proudhon(1809~1865, 프랑스), 바쿠닌Mikhail Aleksandrovich Bakunin(1814~1876, 러시아), 크로포트킨, 네차예프Sergey Gennadievich Nechaev(1847~1882, 러시아) 등이 대표적 주창자다.

개인적 아나키즘은, 인간은 자족적이며 자립적인 존재로 자신의 의미를 집단에서 찾는 것이 아니라 자기 자신의 개별적 삶 속에서 발견할 수 있다고 본다. 즉 국가나 민족과 같은 거창하고 권위적인 상위 집단이 개인의 자아실현과 욕망을 비틀고 왜곡시킨다고 말한다. 개인적 아나키즘은 인간이 충분히 이성적이며 호혜적인 존재로서 스스로 정의와 질서를 구축할 수 있으며, 이것은 집단이 아닌 개별의 삶을 위한 유일한 방법이라 주장한다. 개인의 자유를 최고의 가치로 여기는 것은 자유주의와 비슷하지만, 자유주의는 개인의 자유를 수호하는 존재로서 '작은 정부'를 인정하는 반면 개인적 아나키즘은 정부 자체를 거부한다. 국가와 민족은 상상적 존재로서 독립적으로 실존하기보다는 사람들이 있다고 믿기 때문에 권력을 가진다는 것이다. 예를 들어 미국이라는 나라가 생명체처럼 독립적으로 존재하는 것이 아니라 사람들이 권위를 부여하기 때문에 존재한다는 것이다. 그와 반대로 개인은 실제로 존재하는 실체이기 때문에 어떠한 규범이나 당위도 개인을 넘어서 존재할 수 없다. 이런 생각은 반자본주의적이고 생태적인 삶의 형태로 나타나기도 하지만, 미국의 자유주의 사회철학자 로버트 노직Robert Nozick(1938~2002)의 주장처럼 시장과 자본주의에 의한 무정부주의로 발전하기도 했다.

한편, 사회적 아나키즘은 개인의 완성보다는 사회의 변혁이라는 관점에서 아나키즘을 말한다. 생산자들의 연합이나 노동조합 등을 통해 인간은 국가와 권력 없이 조화로운 공동체를 만들 수 있다는 주장이다. 이를 옹호하는 사람들은 남부 유럽의 노동자들과 수공업자들에게 광범위한 지지를 받으며, 유의미한 정치집단으로 성장했다. 그 대표주자였던 프루동은 자연적으로 발생한 집단들의 평화적인 확산을 주장했다. 하지만 수공업자들이 많은 극히 일부 지역에서나 그런 일이 가능하다고 생각했던 바쿠닌은 대규모 도시 노동자들의 상황에서는 국가와 자본의 강력한 제재로 아나키즘의 평화적 안착이 불가능하다고 보고 폭력적인 혁명을 주장했다. 바쿠닌의 이러한 주장은 크로포트킨의 코뮌Commune적 아나키즘으로 발전했는데, 크로포트킨은 생산뿐 아니라 문화, 교육, 환경 등에 관심을 확장하며 인간의 삶 전체를 강제적 질서가 아닌 개인의 가치로서 성립시키고자 했다. 그는 개인의 소유를 철저히 보장하고자 했던 이전 아나키즘과 달리 '능력만큼 생산하고 필요만큼 소비'한다는 공산주의적 원칙을 견지했다.

이들 아나키스트들은 마르크스를 비롯한 사회주의자들과 강하게 충돌했다. 특히 반자본주의적 국제연대 단체인 '제1인터내셔널'에서 아나키즘과 마르크스주의의 충돌이 극심했다. 마르크스주의는 원시 공산사회 – 농경 봉건사회 – 자본주의 산업사회 – 사회주의 사회 – 공산주의로 이어지는 역사적 유물론을 주장했는데, 아나키즘은 이를 경험적 귀납논리에 의한 일반화라고 비판하며 인위적인 질서에 인간의 삶을 끼워넣는 것이라 말했다. 마르크스의 주장대로라면 도시 노동자 외에는 누구도 혁명의 주체가 될 수 없으나 아나키스트들이 보기에는 농민, 자영업자, 소규모 자본가들 모두 현재의 삶에서 구원과 해방을 갈구하는 주체였다. 또한 마르크스는 무정부적 공산주의로 나아가기 전에 필연적으로 국가가 일시적으로 존재해야 한다고 주장했지만, 바쿠닌은 이런 마르크스의 주장은 또 다른 관료정치와 폭압적 질서를 만들 뿐이라고 생각했다. 그러나 아나키즘은 마르크스주의와 달리 그 주장의 특성상 실제 혁명을 이끌

조직성과 미래에 대한 비전 제시에 실패하면서 '제1인터내셔널'뿐 아니라 스페인 내전에서의 학살과 같이 정치사회 전반에서 실패와 퇴출을 맛보았다.

아나키즘은 흔히 무리한 공상과 이상주의로 비판을 받는다. 하지만 그들은 거대 질서에서 잠식되어온 인간 개인의 가치를 현실 속에서 실현하고자 끊임없이 노력했으며, 이들의 사상은 독일의 철학자 니체Friedrich Wilhelm Nietzsche(1844~1900), 프랑스의 사상가 사르트르Jean Paul Sartre.(1905~1980)와 같은 실존주의 철학자들에 의해 현재까지 유의미하게 전해지고 있다. 개인의 가치를 자본주의 체제 안에서 찾는 자유주의와 달리 고유한 자신만의 삶의 방식을 찾는 사람들이 최근 늘어나면서 비록 국가 체제 안에 거주하지만 '자연인'으로서 살아가는 이들이 많아졌고 사회 역시 이들을 차츰 더 존중하고 있다. 아나키즘은 독립적인 사상으로 그것을 역사 속에서 실현시킨 사례는 없지만 고도화되고 기계화된 현재의 산업사회에서 활로를 찾는 사람들에게 많은 영감을 주고 있다.

처음 하는 정치학 공부

오늘의 키워드
사회진화론

말죽거리 잔혹사의
원조

**과학과 진보를
가장한 힘**

#말죽거리_잔혹사 #부국강병 #찰스_다윈 #허버트_스펜서 #윌리엄_섬너

　영화 〈말죽거리 잔혹사〉는 유신정권 시절의 폭력적인 학교 모습을 잘 보여준다. 그 폭력은 교사와 학생, 남학생 간, 그리고 교육 자체와 학생 간의 모습으로 나타난다. 약자는 비굴하며 강자는 당당하고 약자를 계몽하고자 한다. 영화 속의 이러한 모습은 한국 사회를 '힘에 대한 숭배의 사회'로 그리고 있다. 그러한 사회의 모습은 어디에서 비롯되었을까? 바로 19세기 말 20세기 초에 등장한 사회진화론이 그 출발점이라고 할 수 있다.

　열강의 시대가 시작되면서 전 지구의 화두는 '부국강병'이었다. 당시 세계를 관통하는 단어는 '힘'이었다. 산업혁명과 대항해 시대 이후 유럽 세계의 폭발적 확장과 성장은 온 세계를 '강한 자'와 '약한 자'로 나누어 보게 했다. 유럽과 비유럽, 백인과 유색인종 그리고 유럽 내부에서도 유산계급과 무산계급이 나뉘었다. 강한 자는 모든 것에 대한 권리를 취득했으며 약한 자는 그들의 지배를 받았다. 사회진화론은 이러한 시대적 분위기를 잘 설명하는 이론이다.

사실 사회진화론이라는 단어는 일본에서 의역해 번역한 것이고 원래 유럽에서 쓰인 단어는 '사회적 다위니즘Social Darwinism'이다. 영국의 생물학자 찰스 다윈Charles Darwin(1809~1882)은 그의 저서 《종의 기원》에서 자연세계의 특정 개체군 중 적응에 유리한 강한 유전자만 살아남고 나머지는 도태되어 사라진다는 '자연선택'을 주장했는데, 사회진화론은 다윈의 이런 진화론을 사회에 적용한 것이다. 사회진화론은 다윈의 진화론에 영감을 받은 영국의 사회학자 허버트 스펜서Herbert Spencer(1820~1903)가 명명하고 주창했다. 하지만 다윈은 사회진화론과 직접적인 관련이 없다. 다윈은 자신의 생물학을 사회학과 연결하는 것을 경계했으며, 실제로 스펜서에게 사회진화론에 대해 직접 설명을 들은 뒤 "과학적으로는 의미가 없다"고 평가했다.

사회진화론적 사고는 다윈 이전부터 이미 유럽 사회에 팽배했다. 인간사회에서 힘과 경쟁이 사회적 진화를 이끈다는 생각은 산업사회, 자유주의, 계몽주의, 자본주의가 근대 사회의 주요 정신이 되면서 자연스레 퍼져나갔다. "식량은 산술급수적으로 늘어나지만, 인구는 기하급수적으로 늘어난다'라는 말로 유명한 영국의 경제학자 맬서스Thomas Malthus(1766~1834)나 영국의 곤충학자 윌리엄 커비Wiliam Kerby(1759~1850)는 '진화'라는 표현은 쓰지 않았지만 강자에 의한 약자의 도태를 신의 섭리와 같은 자연스러운 일로 보았다.

이런 와중에 스펜서가 다윈의 생각과는 별개로 약육강식의 법칙을 사회에 적용하는 이론을 전개했다. 그는 "하나의 종 안에서 약자를 제거하는 것은 여러 종 안에서 그 종의 생존력을 강화하고 그 종은 그런 방향으로 진화한다"고 말했다. 그는 남미의 원주민을 바라보면서 유럽인과 남미 원주민이 도저히 같은 인종이라고 인정할 수 없다고 자신의 일기장에 기록하기도 했다.

그의 이론은 민족, 국가, 개인 사이의 억압과 전멸 시도에 정당성을 부여했다. 이런 행위들의 정당성은 이미 고대 때부터 종교, 왕권 등의 이름으로 부여되었다. 그러나 그의 이론의 독특한 점은 이런 정당성이 종교나 왕권과 같은 신화적 힘이 아닌 '과학'의 권위를 등에 업고 있다는 점이다. 또한 약자의 입장에서 자신의 처지를 '힘'의 문제로 인지하고 그 '힘'에 대한 추앙을 하게도 만든다는 특징도 가지고 있다.

사회진화론은 서구의 과학, 산업문명, 막강한 군사력이 전 세계의 자연과 인류의 삶을 정복해가던 시기를 가장 간명하게 보여준 사상이다. 그리고 서구의 이러한 힘은 진보, 과학, 이성의 명찰을 달고 있

식민지화, 멕시코 사람들의 서사시
(디에고 리베라, 1945년)

사회진화론은 서구의 오만과 그런 서구를 추종하는
오리엔탈리즘의 전형을 보여준다. 약육강식의 논리는 식민모국에는
무책임과 폭력성을, 피식민지에서는 자괴감과 무기력함을 낳았다.

처음 하는 정치학 공부

었기 때문에 피지배자들은 전 근대의 침략자들에게 보낸 시선과 다른 관점으로 서구를 바라보았다. 전 근대의 피지배자들은 침략자의 호전성과 잔혹성을 탓하며 그들에 비해 윤리적, 이성적 당위성을 항상 간직하고 있었다. 흉노족의 침범을 받은 한나라나 게르만의 침공을 받은 로마인들 그리고 몽골의 침략을 받은 유라시아 각국의 사람들은 침략자의 무지함과 비윤리성을 저주했다. 침략자를 반문명적 행위를 하는 '오랑캐'로 인지했고 그들의 힘은 경멸의 대상이 되었다. 그러나 근대의 침략자들은 이성, 윤리, 과학을 무기로 내세움으로써 그들이 가진 '힘'은 경멸이 아니라 숭배의 대상이 되었고, 피지배자들을 자신의 나약함을 탓하는 끝없는 자괴감에 빠뜨릴 수 있었다. 즉 과학이 힘의 근거가 되자 피지배층은 자신의 무지함을 자학하게 되었다.

그런데 사회진화론이 처음부터 제국주의적 성격을 가진 것은 아니었다. 초기 사회진화론자들은 국가적 관점이 아닌 서구 사회 내부의 약육강식에 대해 이야기했다. 그들은 자유주의적 관점에서 국가가 강자의 몫을 약자에게 나눠주는 것에 대한 반발로 자신의 의견을 피력했다. 사회진화론자들이 보기에 약자들이 무지함과 건강하지 못한 점을 극복하지 못하고 강자에게 자신의 몫을 요구하는 것은 비윤리적일 뿐 아니라 사회의 발전을 가로막는 행동이었다.

스펜서는 빈민층에 대한 지원이나 복지를 몸과 정신이 건강하지 못한 자들을 도태시키는 자연스러운 자정 과정을 방해하는 어리석은 행위로 보았다. '미국의 스펜서'로 불린 사회학자 윌리엄 섬너 William Sumner(1840~1910) 역시 "국가의 목적은 모두를 행복하게 만드는 것이 아니다. 자신의 욕망을 스스로 충족시킬 줄 모르는 패배자는 그 누구에게도 도움을 요청해서는 안 된다"고 말하며 사회 내부 관점에서 사회진화론을 설파했다. 다만 이들은 자유주의적 관점에서 국가를 부르주아 계급 아래 복속시키고자 했기 때문에 사회진화론을 열강의 제3세계에 대한 침략으로 확장하지는 않았다.

사회진화론의 주체가 개인이 아닌 국가가 된 것은 역설적이게도 서구 열강의 침략을 받은 한·중·일 등 동북아에서다. 서양의 '위대한' 힘을 배우기 위해 서양으로 유학을 간 일본의 가토 히로유키 Kato Hiroyuki(1836~1916)와 같은 메이지 장학생들과 서재필, 유길준과 같은 극소수의 유학파 조선인들, 중국의 계몽주의 사상가 량치차오 梁啓超 (1873~1929) 같은 아시아의 지식인들에게 사회진화론은 서양의 강대함을 과학적으로 설명해주는 선진 사상이었다. 원래 사회진화론은 개인주의, 자유주의적 입장을 취했지만 수천 년간 공자와 맹자의 유학儒學의 전통 속에서 국가와 공동체의 차원으로 사회를 바라본 동북아에서 자란 그들은 사회진화론을 국가주의적 관점에서 바라보았다.

강제 개항 이후 일본인들에게 서양의 힘을 배우는 것은 '생존'의 문제였으며, 이는 일본과 서구의 침략에 바람 앞 등불과 같은 운명에 놓인 당시 대한제국과 청나라에서도 마찬가지였다. 이들에게 스스로 강해지는 '자강'은 조국의 운명을 바꾸어놓을 유일한 비책으로 보였다.

침략의 책임을 침략자가 아닌 피침략자의 나약함에 두는 이런 관점은 현재까지도 일본과 중국 사회에서 서구에 대한 동경과 대결의식이 공존하는 아이러니를 낳고 있다. 또한 한국에는 상대적으로 더 큰 영향을 주었는데, 이는 친일에 대한 논리 제공과 광복 이후 산업발전 시기의 군사문화로 나타났다.

가토 히로유키는 서구의 사회진화론을 자유주의적 관점에서 국가주의적 관점으로 변모시켰고, 량치차오는 그의 영향을 받아 자강론을 주장했으며, 구한말의 지식인들은 가토와 량치차오 모두에게 깊은 감명을 받아 자강론을 주장했다. 이러한 감명은 두 가지 극단적 방면으로 나아갔는데 하나는 친일의 길이고 하나는 저항의 길이었다.

구한말 개화 사상가들은 서구의 발전상을 쫓아가기에는 이미 늦었기에 아시아에서 가장 발전한 일본을 배우고 그들을 수용해 조선의 발전을 이끌고자 했다. 당시 일본 지식인들 사이에서는 '대동'이라는 한·중·일 연합국가를 건설해 서양에 대응하자는 주장이 팽배했는데 이에 호응하는 지식인들이 상당수 있었다. 그러나 중국에서는 호응이 없었고 대한제국 황실에서도 당연히 관심을 두지 않자 일본의 사회진화론자들은 사회진화론과 제국주의를 결합해 우매한 조선에 대한 침략과 지배를 정당화하기 시작했으며, 개화파의 일부도 그들의 논리에 편승해 친일의 입장을 취했다. 변절한 친일파로 유명한 이광수 역시 자신의 친일을 '힘'을 기르기 위한 방편이라고 공개적으로 말하기도 했다. '힘'이 과학과 진보를 가장함으로써 '약함'은 구습과 퇴보의 상징이 되었고 기존의 가치들과 고유한 역량들은 부정당했다. 이뿐 아니라 약자는 뒤처진다는 생각의 사회진화론은 일제의 수탈과 배제에 면죄부를 주었다.

사회진화론은 친일파뿐 아니라 신채호, 안중근과 같은 저항적 민족주의자들에게도 큰 영향을 주었는데, 이 경우에는 저항적 관점에서 애국심, 민족통합의식, 자주적 역사의식 등을 심어주었다. 이들은 독립을 위해 학교를 건설하고 후학을 양성하는 등 '자강'을 위해 노력했다. 이들의 자강이 개인의 자유와 해방보다 공동체의 자유와 독립으로 나아간 것은 아시아화된 사회계약론의 영향으로 볼 수 있다.

한국에서의 이런 사고의식은 독립 이후에도 지속되어 군사문화와 억압적이었던 학교문화에서 그대로 나타났다. 무지함과 약함은 죄악시되었기에 군대와 학교는 폭력적 수단을 사용해서라도 약함의 상태에서 국민과 학생을 구제하려 했다. 구한말의 힘에 대한 강압의식이 일제와 한국전쟁을 거치면서 강화되어 20세기 대한민국에 큰 영향을 미친 것이다. 우리에게 공포를 준 대상에서 벗어나기 위해 그 공포의 대상과 닮아왔다는 점에서 한국 사회는 아이러니를 품고 있다. 영화 〈말죽거리 잔혹사〉를 흔히 '과거 우리의 슬픈 자화상'이라고 말하는 데는 이런 의미가 담겨 있지 않을까?

오늘의 키워드
나치즘

인류의 가장 어두운 이면

**나치즘과
파시즘**

#홀로코스트 #나치당 #베르사유조약

현대사에서 가장 강렬하면서도 파괴적인 정치사상을 뽑으라면 당연히 나치즘이 제일 앞자리를 차지할 것이다. 홀로코스트로 잘 알려진 600여만 명의 유대인 학살뿐 아니라 소련 침공에 따른 슬라브계 군인과 민간인 1,000여만 명 사망, 100만 명에 이르는 공산주의자 살해, 100만 명으로 추정되는 집시 살해 등 나치가 자행한 테러와 학살은 수천 년간 인간이 쌓아왔다고 자부한 이성과 지성을 한순간에 무너뜨렸다. 나치는 어떠한 과정을 통해 권력을 잡았으며, 그들이 내세우는 논리는 무엇일까?

나치당은 1933년 집권한 국가사회주의독일노동자당Nationalsozialis-

처음 하는 정치학 공부

tische Deutsche Arbeiterpartei, NSDAP을 말한다. 이 당의 이름에서 보통 두 가지 오해가 생기는데, 첫 번째는 '국가'다. 독일어 Nation은 영어의 nation과 같은 뜻으로 국가뿐 아니라 민족과 같은 의미로 사용된다. 서구에서 nation은 근대 민족 단위의 국가를 의미한다. 민족의 개념이 빠졌거나 민족을 초월한 개념의 국가는 state 또는 commonwealth 등으로 표기된다. 나치는 당시 독일의 국가였던 바이마르공화국만이 아니라 게르만족, 나아가 그들의 기원인 아리아인, 즉 유대인, 슬라브족을 제외한 추상적인 백인종의 국가를 지향했다. 이런 점에서 국가사회주의독일노동자당에서 '국가(나치)'는 국가주의보다는 민족주의를 의미하는 것으로 이해해야 한다.

두 번째는 '사회주의'와 '노동자'다. 이 두 단어에서 자연스레 연상되는 것은 마르크스주의와 공산주의다. 그러나 나치는 공산주의와 극명한 대립을 이루었으며, 자본주의와 공산주의 모두를 반대하는 길을 선택했다. 나치는 자본가가 아닌 프롤레타리아에게 권력을 주고자 한 마르크스의 프롤레타리아 독재와 분배 원칙을 배제했으며, 시장질서에 의한 경제 운영과 자유주의적 정치 이데올로기를 선택한 자본주의 역시 배척했다. 나치는 국가의 강력한 카리스마 아래 자본과 노동을 통제, 조율하는 집단주의적 경제체제를 선택했다. 따라서 나치의 정당명에 있는 '사회주의'는 우리가 흔히 알고 있는 마르크스주의와는 관련이 없다.

1차 세계대전 이후 독일에서는 베르사유조약과 막대한 전쟁보상금으로 인한 패배감과 경제 침체가 큰 사회적 문제로 대두되었다. 특히 프랑스와 벨기에가 전쟁배상금을 200억 마르크에서 1,320억 마르크로 인상한 후 독일이 배상금을 지불하지 못하자 독일의 최대 철·석탄 생산지이자 중공업 중심지인 루르 지역을 강제로 점령당했다. 이로 인해 독일에서 심각한 인플레이션이 발생했다. 독일은 배상금 상환을 위해 화폐를 마구잡이로 찍어냈는데, 루르가 점령당하면서 사회적 생산력이 급감하자 화폐의 가치가 급락한 것이다.

이런 상태에서 독일의 기성 정당들이 무기력해지고 전국적으로 수백 개의 군소 정당들이 난립하는 정국이 형성되었다. 나치당은 당시 독일 남부 바이에른 지방의 작은 정당으로, 열쇠 수리공이었던 안톤 드렉슬러라는 사람이 창당한 작은 모임이었다. 당초 이들은 의석을 가지지도 못했으며 당원도 수십 명에 불과한 반유대주의적 정치모임에 지나지 않았다. 그러나 히틀러의 합류 이후 이들은 비약적 성장을 이루게 된다.

당시 국가방위군은 지역 정당들의 활동과 정보를 수집하기 위해 군인들을 파견했는데, 히틀러는 국가방위군 소속으로 훗날 나치당이 되는 독일노동자당에 대한 정보를 수집하기 위해 그들의 집회에 침여했다. 그리다 나치당의 가치에 매료되었고 그 자리에서 진행한 연설로 당내에서 일약 스타가 되었으며, 입당 2년 만인 1921년 당수

처음 하는 정치학 공부

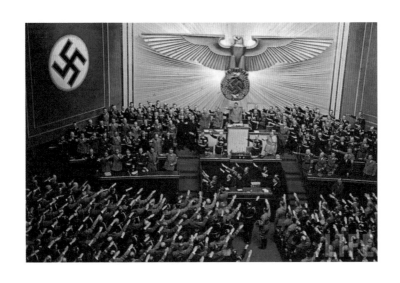

1932년 히틀러의 의회 연설
(휴고 재거 촬영)

현대 정치학뿐 아니라 인류 지성사에서 가장 충격적인 사건은
나치가 투표를 통해 제1당이 된 것이라고 여겨진다.
2,000여 년간 쌓아온 서구의 집단 지성과 자유를 향한 열망이
나치즘을 선택했다는 사실은 향후 철학, 정치학, 사회학의 큰 과제가 되었다.

의 자리까지 올랐다.

당시 독일의 정치체제에는 대통령과 수상 모두 존재했는데, 대통령은 수상임명권과 의회해산권을 가졌고 실질적인 통치행위는 수상이 수행했다. 그리고 의회는 정당명부 비례대표제로 정당이 득표한 만큼 의석이 배정되었다. 당시 최대 정당은 사회민주당으로 독일 사회에 강력한 영향력을 미쳤으나 득표율이 항상 30%대에 머물렀다. 흔히 히틀러가 선거를 통해 권력을 잡은 것으로 알려져 있는데, 이는 반은 맞고 반은 틀린 말이다.

히틀러는 선거를 통해 대통령이나 총통의 자리에 오른 것이 아니라 의회선거에서 나치가 제1당의 자리를 차지하면서 이를 기반으로 수상의 자리에 올랐다. 히틀러는 당시 제1당의 대표로서 대통령이었던 힌덴부르크의 수상지명을 이끌어냈고, 국가인민당, 가톨릭중앙당 등과 연립해 의회권력의 3분의 2를 장악했다. 이를 통해 헌법과 법률을 개정했는데, 그중 '수권법'은 입법부의 권한을 행정부로, 즉 의회의 권한을 모두 히틀러의 나치 행정부로 위임하는 법이었다. 이 법을 근거로 나치 이외의 모든 정당 활동이 금지되고 사회민주당과 공산당의 주요 인물들은 체포되었다. 히틀러는 이러한 과정을 통해 독일의 모든 권력을 손에 쥐었다.

나치즘은 권력을 통해 이루고자 하는 것에 있어 여타의 독재적 정치권력과는 다른 독특한 특징을 가지고 있다. 일반적인 독재 권력은 자신의 정권이나 국가를 유지하는 것을 목표로 하지만 나치즘은 게르만족의 '종족 보호'를 가장 높은 목표로 삼았다. 나치즘의 관점에서 국가는 경제적 조직이 아니라 민족적 유기체로서, 경제적 업무는 부차적인 것이며 민족의 보존이 최상의 가치였다. 그렇기에 그들은 당시 독일의 위기가 패전이나 경제적 상황으로 말미암은 것이 아니라 독일의 민족성이 흔들렸기 때문에 발생한 것이라고 주장했다.

나치와 히틀러 이전에도 이런 민족주의는 독일 사회에 널리 퍼져 있었다. 천여 년간 이어진 반유대주의자들뿐 아니라 피히테Johann Gottlieb Fichte와 헤겔Georg Wilhelm Friedrich Hegel 등 당대의 독일 석학들 역시 독일 민족과 애국주의를 전파했으며, 프랑스의 민족학자 고비노Joseph-Arthur Gobineau와 영국의 정치가 체임벌린Josph Austin Chamberlain 같은 사람들은 노골적으로 인종주의적인 학설을 주장했다. 이들은 사치나 도덕적 타락, 무기력, 종교적 타락이 사회의 혼란을 가져오긴 하지만 결정적인 사회 자체의 타락을 야기하지는 않으며, 오히려 인종적 혼합이 진정한 사회의 타락을 초래한다고 주장했다.

이러한 사회적 분위기 아래 히틀러는 게르만족의 순혈주의와 반유대주의를 내세웠다. 그의 시각에서, 민족은 토지에 기반을 두고 있는데 토지가 없는 유대인은 마치 기생충처럼 다른 민족에게 기생하며 그들의 재산과 문화를 약탈하는 것으로 보였다. 따라서 히틀러에게 유대인이나 집시와 같은 민족은 다른 민족의 삶과 문화에 해악을 끼치는 존재로 박멸할 대상이 되었다. 이러한 극단적 민족주의는 인간사회도 자연과 마찬가지로 강자만이 살아남는다는 사회진화론과 결합해 더욱 폭력성을 띠었으며, 결국 홀로코스트라는 학살로 이어졌다.

나치즘에 있어 민족주의, 반유대주의, 사회진화론만큼 중요한 것은 반자유주의, 반의회주의였다. 히틀러는 우매한 다수에 의해 정치가 좌우되어서는 안 된다고 생각했다. 의회주의는 감성적 존재인 대중과 영합해 민족의 중대사에 대한 올바른 결정을 내릴 수 없다고 보았던 것이다.

흔히 나치즘과 전체주의를 동일선상으로 보거나 나치즘을 전체주의의 하위 범주로 보기도 한다. 그러나 전체주의는 전근대 왕조시대의 통치를 의미하거나 스탈린 등이 세운 공산주의 사회의 독재 권력을 지칭하는 등 다양한 체제에서의 강압적 통치 형태를 말하기 때문에 나치즘을 전체주의의 범주에서 설명하기에는 다소 난해한 부분이 있다.

2차 세계대전에서 독일이 패배하며 나치는 몰락했고 유럽에서 불법화되었다. 그런데 최근 독일, 오스트리아, 이탈리아, 일본 등지에서 나치즘을 숭배하는 네오나치즘이 고개를 들고 있다. 그 추종자들은 대부분 제1세계의 하층민으로, 구직난 등 경제적 어려움의 원인을 외국인 노동자 등에게 전가하며 나치즘을 계승하려고 한다. 아직은 미미한 세력이지만 정당을 만들어 활동하는 등 정치 활동을 이어가려는 시도도 포착된다. 세계 각국은 나치즘의 부활을 막기 위해 노력 중이지만, 인종주의와 민족주의에 경도된 폭력적 정치사상이 여전히 현존하기에 역사를 되풀이하지 않기 위한 인류 지성의 경계가 필요하다.

오늘의 키워드
와하비즘

이슬람의 극단주의는 어디서 왔을까?

이슬람
복고주의

#이슬람세계 #무함마드_이븐_압둘_알와하브 #이슬람복고주의 #코란 #샤리아

근대 이슬람 세계의 절대 강자였던 오스만제국이 18세기에 들어서면서 서서히 쇠락해갔다. 동로마제국을 멸망시키는 등 수백 년간 유럽을 깔봤던 오스만제국이 유럽 사회에 점점 뒤처지기 시작했으며, 오스만제국의 쇠락은 이슬람 세계의 쇠락을 의미하기도 했다. 유럽의 성장과 오스만의 쇠퇴는 이슬람 세계 전체에 위기감을 가져왔고, 이를 타개하기 위한 정치적, 종교적 여러 움직임이 나타났다.

무함마드 이븐 압둘 알와하브Muhammad ibn Abd al-Waahhāb(1703~1792)는 이런 배경하에 부패하고 타락한 오스만제국을 대신할 새로운 이슬람적 질서를 세우고자 한 이슬람 신학자다. 그는 13세기 이슬람 세계가 몽골군에 처참히 패배한 것은 당시 이슬람인들이 무함마드의 길을 배신했기 때문이며, 그가 활동한 18세기에도 역시 이슬람이 타락해 유럽에 뒤지고 있다고 보았다. 그는 무함마드의 시절로 돌아가 코란에 더욱 철저히 복무함으로써 유럽의 사상과 문물을 물리쳐야 한다고 주장했다.

알와하브는 아라비아반도 중앙 네지드 지역의 베두인 유목민족 중 유력한 가문이었던 사우드 가문과 손을 잡게 되면서 그의 사상을 현실 정치에 적용시킬 수 있었다. 사우드 가문은 와하비즘으로 무장한 후 정벌과 회유를 통해 아라비아반도의 지배자로 거듭났다. 알와하브는 '지하드(성전)'를 강조했는데 무함마드가 한 손엔 코란, 한 손엔 칼을 들고 이도교를 복종시키고 이슬람의 부흥을 이끈 것처럼 무슬림들이 이슬람 세계의 확장을 위해 무기를 들어야 한다고 주장했다. 이렇듯 그는 지하드(성전)를 강조했는데, 이는 몽골의 지배를 받은 과거와 당시 서양 등 외세의 침입하에 곤궁한 삶을 살아오던 무슬림들에게 큰 반향을 일으켰다. 알와하브는 이런 이론을 바탕으로 종교 공동체를 확장해갔으며, 이런 와중에 사우드 가문의 족장 무함마드 빈 사우드Muhammad bin Saud와 의기투합해 정치적 세력의 확장까지 동시에 도모했다.

알와하브의 사상은 이슬람 복고주의로도 해석될 수 있다. 그는 무슬림들이 진정한 이슬람으로 돌아가 코란을 문자 그대로 해석해

설교하는 무함마드

이슬람교는 알라신뿐 아니라 무함마드에 대해서도 구체적인 그림으로
표현하는 것을 금기시한다. 그래서 무함마드를 표현하는 작품이 적을 뿐 아니라
있다 하더라도 이 그림처럼 얼굴을 묘사하지 않는다.

이슬람의 근본 교리를 실천해야 한다고 주장했다. 이러한 복고주의는 현대 이슬람 근본주의의 원류가 되었다.

　동로마제국을 멸망시키고 세 대륙에 영토를 걸치며 중세 시기에 소아시아 지역의 맹주로 군림했던 오스만제국이 퇴락하고 종교적으로도 타락한 모습을 보이자 오스만제국은 더 이상 이슬람 세계에서 정치뿐 아니라 종교와 문화의 영역에서도 지도적 역할을 할 수 없었다. 서양의 잔인하고도 화려한 군사·문화적 침입은 저항적 이슬람 민족주의에 불을 붙였다. 이러한 여세를 몰아 사우드 가문이 이슬람의 최대 성지인 메카와 메디나까지 점령하자 위기를 느낀 오스만제국은 이집트 총독으로 하여금 사우드 가문의 반란을 진압하도록 했고 사우드 가문은 확장한 영토를 모두 잃는 등 멸문의 위기에 처했다.

　그러나 1차 세계대전에서 오스만제국이 패배하고 제국이 해산되자 사우드 가문은 이슬람 세계의 권력 공백 상태를 놓치지 않고 아라비아반도를 다시 통일했다. 와하비즘은 무기력해져가던 이슬람 세계에 각성을 불러일으킴과 동시에 오스만제국의 붕괴로 인한 종교 및 정치 공동체의 붕괴를 막고 사회질서를 구축하는 역할을 하기도 했다. 또한 근대 국가의 전체주의적인 요소들, 즉 민족주의와 국가주의를 거부하고 지역, 인종을 초월한 이슬람적 질서를 구축해 이슬람 세계 안에서의 차별과 배타성을 배제하려 했다.

사우디아라비아가 아라비아반도를 통일하기 전 아라비아반도에는 장엄하고 화려한 기념물이나 건축물들이 있었다. 그러나 성인숭배나 참배의식 등을 모두 배척하는 와하비즘에 따라 모두 철거되고 단순하고 절제된 모습으로 재단장되었다. 그러나 와하비즘은 근검과 절제를 넘어 억압적으로 인간의 감성적 활동을 억눌렀다. 이들은 우상숭배를 막기 위해 사람의 모습을 그리거나 사진을 찍는 것조차 금지했으며 영화, 음악, 게임 등도 제한된 형식으로만 허용했다. 왕의 비석을 세우는 것조차 금지했으며, 초기 이슬람의 유적을 파괴하기도 했고, 일부 과격주의자들은 무함마드의 무덤 역시 우상이 될 수 있다며 파괴하자는 주장을 하기도 했다.

이슬람 세계에는 종교에서 비롯된 이슬람 법체계가 있는데 이를 '샤리아'라고 부른다. 이런 법체계는 종교와 형법뿐 아니라 가족·사회·경제·정치·국제관계 등 모든 분야를 망라한다. 샤리아의 근거는 코란으로, 코란에 적혀 있는 내용을 중심으로 하되 코란에 없는 내용은 무함마드의 언행이나 율법학자들 간의 합의인 '하디스'를 통해 정해진다. 그러나 근대 산업사회로 접어들면서 사회는 복잡해져 갔고 2,000년 전 율법을 기준으로 사회를 통제하는 것에는 한계가 있었다. 그래서 사우디아라비아와 이란 정도를 제외한 대부분의 이슬람 국가들은 종교와 가족과 관련된 법만 샤리아를 따르고 나머지 형법과 민법 등은 서구의 법률을 적용하고 있다.

그러나 와하비즘은 샤리아에 대한 철저한 준수를 주장하며 이를 따르지 않는 자는 처벌받아야 하는 이단으로 몰았으며, 샤리아를 일부만 적용하는 이슬람 국가 역시 우상숭배자로 간주했다.

이러한 지나친 보수적 성향과 배타적 종교관은 와하비즘이 아라비아반도를 넘어 확산될 수 없었던 이유이기도 하다. 와하비즘이 이슬람 근본주의와 지하드를 추구함에 따라 과격한 추종자들이 다수 나타나기 시작했으며, 극단적인 추종자들은 와하비즘의 본산인 사우디아라비아왕조 역시 우상숭배자 혹은 가짜 무슬림으로 치부하며 테러리즘으로 치닫기도 했다.

9·11 테러로 유명한 사우디아라비아 출신의 국제 테러리스트 오사마 빈 라덴Osama bin Laden(1957~2011)과 이슬람 무장 테러조직 알카에다 역시 와하비즘의 영향을 받았으며, 이들은 강력한 배타성으로 지하드를 가장한 테러를 옹호하기도 한다.

근대에 서구 열강에 대항한 측면이 강했던 와하비즘은 현대에 와서는 아랍 지역보다 인도, 중앙아시아 등 분쟁 지역에 더 큰 영향을 주고 있다. 소련과 미국이라는 거대 국가와 전쟁을 벌인 아프가니스탄의 이슬람 극단주의 무장단체 '탈레반' 역시 와하비즘의 영향을 강하게 받았다. 이들은 서구의 침략으로부터 자신의 종교와 문화 그리고 주권을 수호한다고 주장하지만, 내적으로는 여성에 대한 억압과 정치적 독재, 테러 공격 등으로 많은 문제를 낳고 있다.

오늘의 키워드
페미니즘

인류 절반의 문제에 도전하다

폭넓은 스펙트럼의 논쟁적 사상

#페미니즘 #여성 #남성 #자유주의_페미니즘 #마르크스주의_페미니즘 #급진적_페미니즘

페미니즘은 지금까지 논의된 모든 정치사상 중 가장 넓은 범주를 그 대상으로 한다. 전 세계 인구의 절반을 차지하는 사람들, 즉 여성에 대한 논의로서 페미니즘은 여성의 삶과 권리 그리고 일상적 행복에 대한 진지한 문제 제기다. 그리스 신화에서 대지의 신이자 여신인 가이아는 만물을 잉태하고 낳는다. 우라노스에 의한 강제적 동침, 헤파이스토스에 의한 원치 않는 임신 등 태초의 신부터 여성은 남성이 취하는 존재, 혹은 무책임한 부성과 반대로 희생으로 자녀를 키워내는 존재로 그려져왔다.

페미니즘은 인류가 수렵채집 사회에서 벗어나 농경문화로 나아

처음 하는 정치학 공부

간 이래로 여성에 대한 남성의 독점과 착취가 계속되어왔다고 여긴다. 수렵채집 사회에서는 성공률이 극도로 낮은 사냥에 종사하는 남성들보다 채집을 하는 여성들의 생산력이 월등히 높았다. 또한 당시는 가족제도가 없었던 탓에 아버지가 누구인지 정확히 알 수 없었기 때문에, 자식들에 대한 권리는 엄마인 여성만이 가졌고 공동체 내에서도 여성의 권리가 높았다. 그러나 농경문화가 확산되면서 남성의 노동력이 사회와 공동체의 생산에 중요한 가치가 되었고, 남성은 자신의 아내가 다른 남성과의 관계에서 아이를 낳지 못하도록 하기 위해 가족제도를 강화시켜왔다. 이렇게 되면서 남성의 재산과 권리는 상속될 수 있었고, 여성은 출산을 통해 그 상속에 온몸으로 기여하는 부가적 존재가 되었다. 이러한 남녀 간의 관계는 산업사회가 도래하면서 더욱더 강화되었다. 페미니즘은 이런 관점에서 인류의 역사와 함께해온 여성에 대한 남성의 지배를 극복해보고자 하는 사상이다.

페미니즘은 하나의 단일한 사상이 아니라 관점과 문제해결 방식에 따라 다양한 형태로 전개되었다. 애초에 자유주의 페미니즘으로 출발해 자본주의를 비판하며 마르크스주의 페미니즘이 나타났다가 둘 모두를 비판하며 급진적 페미니즘이 대두되었다. 이후 사회주의 페미니즘, 정신분석학적 페미니즘, 실존주의 페미니즘, 포스트모던 페미니즘, 생태주의 페미니즘 등 다양한 형태의 페미니즘으로 분화되었다. 그런데 앞선 페미니즘이 후에 주창된 페미니즘에 의해 폐지된 것이 아니라 주장을 유지하거나 수정하며 그 명맥을 지금까지 이어가고 있기 때문에, 페미니즘은 계보 형식으로 설명하긴 어렵고 각자 다양한 세부적 형태를 가진 사상으로 이해되어야 한다.

최초의 페미니즘은 18세기 말 등장한 자유주의 페미니즘이다. 19세기 초까지 여성들은 선거권, 피선거권, 정당 가입, 집회 참여 등 정치적 참정권이 허용되지 않았다. 고대 그리스의 민주주의에서부터 시작된 여성의 정치 참여 제한은 2,000년간 이어졌다. 뿐만 아니라 당시 유럽에서 여성은 재산을 소유할 수 없었기 때문에 상속을 받아도 남편에게 재산권이 모두 넘어갔다. 이런 점에서는, 자신의 성씨를 쓸 수 있고 재산을 소유할 수 있었던 조선 사회와 비교가 된다. 조선시대에 여성의 정치적 권한은 미미했지만 재산권은 철저히 보호가 되는 편이었는데, 당시 여성들은 상속받은 재산을 남편과 따로 관리하며 그 권한을 가졌다.

유럽 사회에서 여성에 대한 이러한 차별은 여성이 생물학적, 신체적으로 열등하다는 의식에서 비롯되었다. 여성은 어린아이와 같은 취급을 받으며 보호해야 하는 대상으로 인식되었다. 봉건 시대의 대가족 안에서 여성은 출산과 양육을 전담하며 외부 활동이 제한될 수밖에 없었다. 그러나 산업사회에 이르러 대가족이 소가족으로 대체되고, 모든 인간은 자유롭고 평등하다는 자유주의 사상이 퍼져

나가면서 중산층 여성들 사이에서 여성의 권리에 대한 불만이 터져 나오기 시작했다. 자유주의 사상의 거두인 존 스튜어트 밀John Stuart Mill(1806~1873)은 부르주아적 관점에서 당시 모든 인간은 자신의 신분을 벗어나 자유를 누리고 권리를 쟁취해가고 있지만 유일한 예외가 여성이라며, 여성의 완전한 평등이 인류 진보의 마지막 과제라고 말했다. 그는 교육, 훈련, 직업 선택의 자유가 여성에게도 제공되어야 한다고 주장했다. 밀의 이와 같은 주장은 자유주의 페미니즘의 기조가 되었다. 자유주의 페미니즘은 여성도 남성과 마찬가지로 천부인권을 가지고 있으며 동일한 이성과 능력을 가졌음을 설파했다. 그 추종자들은 인간의 존엄성, 자율성, 기회의 평등, 개인적 소망 성취 등에 고무되어, 소위 신여성의 모습으로 당당히 사회와 조우하고자 했다.

그러나 중산층 이상에 속했던 이들은 당시 가장 처참했던 여성 노동자의 모습을 외면했다. 즉 보편적 자유를 누릴 대상으로서 여성을 발견했지만, 수많은 여성들이 다양한 사회, 문화, 계급, 인종, 재산적 환경에서 살아간다는 점을 간과했다. 그 대표적 사례가 자유주의 페미니즘 진영에서 가사노동자의 하루 8시간 근무에 대해 반대한 일이었다. 자유주의 페미니스트들은 봉건적 사회에서 가족이라는 사적 영역에만 묶여 있던 여성들을 사회로 끌어내는 데 큰 역할을 했지만, 여성이 노동자로 인정받는 것과 여성권의 신장은 전혀 다른 문제가 되었다. 아울러 가족이라는 사적 영역에 대한 개입을 제한하는 자유주의의 기조상, 자유주의 페미니즘은 가정 내에서 발생하는 각종 가정폭력에 무기력할 수밖에 없었다.

이에 대한 대안으로 마르크스주의 페미니즘이 등장했다. 초기 마르크스주의는 여성의 문제를 큰 주제로 다루지 않았지만, 마르크스의 영원한 동반자인 엥겔스가 《가족, 사유재산, 그리고 국가의 기원》을 발표하면서 여성과 가족의 문제가 마르크스주의 안에서도 중요한 개념이 되었다. 엥겔스에 의하면, 일부일처제는 남성이 독자적 노동생산력을 상실한 여성의 성을 독점함으로써 남성의 사유재산을 그의 자식에게 그대로 상속하기 위해 만들어진 것이다. 처참한 환경 속에 있던 프롤레타리아 여성들에게 자유주의가 말하는 '기회의 평등'은 그림의 떡일 뿐이었다. 그럼에도 불구하고 엥겔스는 남편에게 종속되어 가정 밖의 영역을 전혀 누리지 못하는 부르주아 여성들이 생계를 위해 가정 밖에서 노동하는 프롤레타리아 여성들보다 오히려 남편의 권위로부터 더 자유로운 측면이 있다고 말했다. 마르크스주의는 인간의 의식을 사회가 규정한다고 보았기 때문에 마르크스주의 페미니즘 역시 자본주의가 타파되면 여성에 대한 폭력적 인식이 개선되고 양성평등이 가능해지리라 믿었다.

자유주의 페미니즘과 마르크스주의 페미니즘은 서구 유럽과 소련이라는 국가체제에 편입되어 여성의 참정권 등이 인정되면서 그

참정권을 요구하는 여성들
(작가 미상, 19세기 말)

산업사회가 도래하고 사회의 태생적 권력들이 권위를 잃어가자
남성의 권력 독점 역시 그 명분을 잃었고 여성의 인권과 참여권이 급속히 성장했다.

목표를 이루어가는 듯 보였다. 그러나 정치적 또는 선언적 양성평등 이외의 여성권은 정치 참여, 취업, 가정폭력, 가사노동 등의 측면에서 상황이 녹록지 않았다.

이에 입각해 등장한 것이 급진적 페미니즘으로, 이 사상은 성차별의 문제를 자유나 계급의 문제가 아니라 생물학적 차별의 문제로 본다. 이들은 남성과 여성의 성역할이 선천적으로 정해져 있는 것이 아니라, 생물학적 차이를 기반으로 남자와 여자로 각각 훈육되는 것이라고 주장한다. 여성은 처음부터 사회의 보조적 역할로 교육받고 사회화가 된다는 것인데, 급진적 페미니즘은 이러한 사회적 통념에 대한 반발이다.

이런 맥락에서 급진적 페미니즘은 정치와 경제활동 등 공적 영역에만 관심을 두었던 이전의 페미니즘과 달리 사적 영역인 가정, 성, 사랑, 남녀관계, 성역할 등에 주목했다. 이들은 그동안의 역사가 남성들 사이의 권력 투쟁으로 점철되어 있으며, 그것들 모두 여성에 대한 지배를 당연스럽게 전제하고 있다고 주장했다. 따라서 이들이 보기에 인류의 역사는 마르크스의 말처럼 '계급투쟁의 역사'가 아니라 '남성에 의한 여성 지배'의 역사였다. 남성들의 권력 투쟁에는 언제나 전리품으로 여성이 등장한다는 것이다.

급진적 페미니즘의 목표는 여성이 자신의 육체에 대한 통제권을 가지는 것으로, 여성이 스스로 문화와 경제를 창출할 수 있기를 바란다. 따라서 이들의 운동은 여성의 사업장 개설이나 공동체 운영 등으로 이어지기도 했다. 그러나 급진적 페미니즘은 시간이 갈수록 양성평등이 아니라 여성이 우월하다는 쪽으로 나아가며 여성 중심주의로 발전하기도 했다. 이러한 생각이 '레즈비어니즘'인데 이는 동성애와 별개로 여성우월주의를 말한다. 현대 한국 사회에서 논쟁이 되는 페미니즘은 바로 이런 시류에 해당한다.

급진적 페미니즘은 자유주의·마르크스주의 페미니즘과 달리 여성의 일상에 대한 문제를 제기한다는 장점이 있으나, 이에 대한 과도한 몰입은 여성해방에 대한 원리를 제시하지 못하고 행동주의적으로 남성에 대한 적개심만 드러냄으로써 가부장제를 극복할 만한 정책적, 이론적 방향을 내놓지 못하고 있다. 여성의 독립적 가치를 발견했다는 장점이 무색하게도, 마치 홍길동이 율도국을 건설한 것처럼 여성만의 세계를 구축하려다 보니 현실적 힘이 약화되고 오히려 페미니즘의 비정치화를 야기한다는 비판을 받고 있다.

이외에도, 마르크스주의적 관점에서 조금 벗어나 자본주의의 문제를 지적하는 사회주의 페미니즘, 여성이 어머니로서 모성을 강요받는 사회정신적 문제를 제기하는 정신분석학적 페미니즘, 여성의 본질적 역할을 거부하고 현실 속에서 새로운 가치를 발견하고자 하는 실존주의적 페미니즘, 성역할의 개방성, 복수성, 다양성, 차이성을 주장하는 포스트모던 페미니즘, 남성들의 개발과 통제에 신음하는 환경과 여성을 같은 문제로 인식하는 생태 페미니즘 등 다양한 페미니즘이 공존하며 서로 영향을 주고받기도 하고 경쟁을 하기도 한다.

페미니즘은 인류 절반을 해방의 대상으로 보는 동시에 그 반대편 절반을 가해자로 보기도 하기 때문에 논쟁의 여지가 많은 사상일 수밖에 없다. 그러나 여성에 대한 차별은 인종, 계급, 종교적 차별이 어느 정도 해소된 현대 사회에도 여전히 그 흔적이 가장 강하게 남아 있기 때문에 그 가치를 쉽게 절하해서는 안 된다. 페미니즘은 남녀차별과 갈등이 해소되지 않는 한 끝없이 제기될 것이며, 다른 사상과 마찬가지로 스스로 단점을 보완하며 성장해나갈 것이다.

오늘의 키워드
신자유주의

불완전한 인간에게 필요한 것은 오직 자유

구원자일까, 악마일까?

#세계화 #규제_완화 #하이에크 #홉하우스 #케인스주의 #밀턴_프리드먼

소련을 비롯한 동구권이 몰락하면서 자본주의−사회주의 사이의 논쟁이 어느 정도 종식된 이후 전 세계에서 가장 논쟁적인 사상을 뽑으라고 하면 아마 '신자유주의'가 그 앞자리를 차지할 것이다. 20세기 후반부터 불어온 세계화와 규제 완화의 바람은 전 세계 각국에서 다양한 논쟁과 이견들을 불러일으켰다. 신자유주의는 포퓰리즘을 극복한 오랜 경기 침체의 구원자 또는 인류가 오랜 투쟁 끝에 이룩한 복지국가의 틀을 파괴하는 악마의 모습이라는 양가적 평가를 받고 있다.

사실 신자유주의는 단일한 사상이 아니라 여러 학자들이 다양한

건초마차
(히에로니무스 보스, 1515년경)

히에로니무스 보스의 〈건초마차〉는 인간들이 무한한 욕망 속에서
정면 하늘 위의 신을 보지 못하고 건초를 덜어내는 일에만
몰두하는 모습을 그린 작품이다.
무한한 자유가 낳은 욕망과 파괴성에 대한 반성을 보여준다.

처음 하는 정치학 공부

관점에서 주창한 것이기 때문에 신자유주의를 하나의 이론으로 해석하기는 쉽지 않다. 더구나 신자유주의는 정반대로 보이는 입장, 즉 자유주의를 비판하면서 정부의 개입을 옹호하는 홉슨의 입장 그리고 복지국가론을 비판하면서 고전적 자유주의로의 회귀를 주장하는 영국의 경제학자 하이에크Friedrich Hayek(899~1992)의 입장처럼 서로 큰 차이를 보이기도 한다. 또한 하이에크와 비슷한 입장을 취하면서도 정부의 제한된 개입을 찬성하는 시카고학파처럼 상대적으로 차이가 덜 나는 입장들도 있다.

그러나 상반되어 보이는 이들의 입장을 크게 하나로 묶을 수는 있다. 바로 자유시장주의 원칙과 시장에 대한 정부의 역할을 인정한다는 것이다. 정부의 시장 개입을 원천적으로 반대하는 고전적 자유주의와 달리, 이들은 정도의 차이는 있지만 시장에서의 정부 역할을 어느 정도 인정한다. 하지만 분명한 것은, 사회주의의 정반대편에 있다고 할 수 있는 자유주의라는 것이다. 이들이 기대하는 정부의 역할은 언제까지나 자유시장 원칙의 영향 아래에 머문다.

최초의 신자유주의는 홉슨과 홉하우스Leonard Hobhouse(1864~1929) 등이 주장했다. 19세기에 고전적 자유주의 경제정책이 당시 발생한 극심한 빈곤과 실업을 제대로 해결하지 못하자 개인의 완전한 자유를 위해서는 오히려 국가의 개입이 필요하다고 주장했던 것이다. 1870년부터 20여 년간 지속된 경기 침체는 '보이지 않는 손'에 대한 불신을 낳았다. 홉슨은 시장과 같은 경제적 힘이 인간의 이성과 의지와는 독립적으로 작용한다는 고전경제학을 거부하고 인간의 의식적 노력을 경제에 도입하려고 했다. 고전경제학에서는 생산이 스스로 수요를 창출하기 때문에 많은 생산은 많은 수요를 가져온다고 보았다. 그러나 홉슨은, 소비하고 남을 만큼 많은 부를 축적한 자본가들의 과도한 저축은 투자로 이어져 과도한 생산이 발생하고 실제 소비자들인 노동자들은 그것을 소비할 능력이 되지 않기 때문에 수요과 공급의 불균형이 발생하고 경제위기가 온다고 보았다. 따라서 정부는 시장의 공급과 수요에 개입할 수밖에 없다는 것이다. 이런 사유는 오히려 자유주의와는 반대적 입장을 보인 케인스주의에 영향을 주었다.

홉슨의 신자유주의와 달리 하이에크는 경제체계에서 인간의 의식적 활동에 대해 문제를 제기했다. 현대 사회에서 많은 논쟁의 중심에 있는 신자유주의는 거의 하이에크에서 비롯한 사상을 의미한다. 그는 자연스러운 시장체제가 아닌 인간의 인위적 개입으로 경제를 운영하고자 하는 사회주의, 케인스주의 모두에 반대하는 입장을 취했다. 인위적인 개입은 인간의 이성이 시장을 조절하고 문제를 극복할 수 있다는 믿음에서 출발한다. 그러나 하이에크가 보기에 이들은 인간의 이성에 대한 과도한 신뢰를 바탕으로 사회를 파멸의 길로 인도하고 있었다. 그는 자신의 유명 저서 《노예의 길》에서 "세상을 천국으로 만들어준다는 사람들 때문에 세상이 지옥이 될 수 있다"고 경고한다.

나치즘과 스탈린주의 등 20세기 초중반에 등장한 극단적 사상들이 '국가이성'이라는 명목 아래 개인이나 특정 집단이 자신의 이성과 합리성으로 역사를 조종할 수 있다는 사유를 바탕으로 출발했다는 점을 비판하면서 하이에크의 신자유주의는 시작된다. 하이에크는, 이성에 대한 이러한 과도한 신뢰는 특정인이나 집단의 이성에 대한 맹목성을 가져와 개인의 자유를 필연적으로 억압할 수밖에 없으며 사회의 발전도 가로막는다고 보았다. 따라서 그는 국가가 시장에 인위적으로 개입해야 한다고 말하는 사상들에 반대하며 자유시장 경제체제를 옹호했다.

그렇다고 고전적 자유방임 경제체제로 회귀하자는 주장은 아니다. 그는 고전적 자유주의 경제체제는 카르텔 등에 의한 독과점의 문제를 낳을 수 있기 때문에 국가가 법을 통해 공정한 경쟁을 보장해야 한다고 말한다. 고전적 자유주의에서 국가의 역할이 사유재산에 대한 폭력적 침범에 대한 감시였다면, 하이에크의 신자유주의는 공정한 경쟁을 위한 '법적 시스템'을 구축하는 것이 국가의 역할이라는 것이다.

그러나 프랑스의 철학자 미셸 푸코Michel Foucault(1926~1984)는 하이에크가 주장하는 신자유주의 국가가 고전적 자유주의 국가보다 자본에 더 종속적이라고 말한다. 고전적 자유주의하에 국가는 경제적 자유를 지키는 감시자의 역할을 수행했다면, 신자유주의에서는 '시장의 감시 아래에 놓여 있는 국가' 또는 '시장을 위해 적극적으로 봉사하는 국가'가 요청된다는 것이다. 신자유주의에서 국가는 방범과 안보만을 책임지는 야경국가가 아니라 시장질서의 확립을 위해 발 벗고 나서는 모양새가 된다.

이러한 특징은 시카고학파에 이르러 더욱 두드러진다. 시카고학파는 미국의 경제학자 밀턴 프리드먼Milton Friedman(1912~2006) 등을 필두로 하는 20세기 시카고대학 경제학부의 연구자들을 일컫는다. 이들은 경제적 자유와 정치적 자유를 중시하는데, 이는 시장에서의 공정한 경쟁을 위해 필수적 요인이기 때문이다. 그들은 이러한 자유의 보장을 위해서는 정부의 적극적인 활동이 필요하다고 보았다. 프리드먼은 하이에크보다 자본주의 사회에서 국가의 역할을 중요하게 생각했다. 물론 그는 신자유주의자로서 시장에 대한 국가의 인위적 조정에 반대하는 입장을 취한다. 그는 인플레이션이 화폐를 발행하는 국가에 의해 나타난다고 주장했고, 세계 공황 역시 미국의 달러 긴축 등에 의해 발생한 것이지 시장의 실패는 아니라고 보았다.

프리드먼과 시카고학파는 고전적 자유주의와 달리 국가의 사회보장제도를 거부하지 않는다. 사회보장제노가 무너지면 그로 인해 연쇄적으로 붕괴하는 노동시장의 복구에 더 많은 비용이 들어가기 때문에 사회보장제도는 필요하다고 본다. 정부는 시장이 자유를 누릴 수 있도록 해주는 수단이기 때문에 단순 감시자가 아닌 보다 적극적인 자유의 파수꾼이 되어야 한다는 것이다.

이 때문에 신자유주의하에서 국가는 기업의 경제활동과 이익에 보다 적극적인 지원을 제공하고 자유주의를 내세우면서도 자국 기업을 위한 여러 가지 보호정책을 실시한다. 또한 신자유주의에서 수호하고자 하는 자유는 시장과 자본의 자유이기 때문에 정부가 인위적으로 통제하는 국영, 공영사업에 대해 민영화를 주장한다. 정부는 이렇게 시장의 자유 영역을 확대하고 원활하게 하는 역할로서 경제발전에 이바지해야 한다는 것이다.

신자유주의는 정부 주도의 경제성장 이론인 케인스주의에 밀려 빛을 보지 못하다가 1970년대에 유럽에서 경제 불황이 지속되자 시장의 자유에 대한 요구가 제기되면서 주목받기 시작했다. 1979년 집권한 영국 보수당의 대처Margaret Thatcher (1925~2013) 수상은 각종 국유화사업을 민영화하고 민간의 자율적인 경제활동을 장려하는 이른바 '대처리즘'을 시행했는데, 이것이 대표적 신자유주의 정책 중 하나다.

신자유주의는 복지국가의 포퓰리즘이나 매너리즘의 문제를 극복하고 자유로운 경쟁의 보장을 통해 국가 경제발전에 이바지한다는 평가와 함께, 과도한 민영화로 국민 삶의 기본적 서비스의 질을 떨어뜨리고 실업을 초래하는 등의 문제도 가지고 있다. 아울러 국가가 자본의 자유를 국내 노동자들과 타국에 강요함으로써 노동자들의 노동권을 약화시키고, 자유주의를 표방하면서도 오히려 강대국의 보호무역을 강화하는 신제국주의적 요소를 지니고 있다는 비판을 받고 있다.

오늘의 키워드
생태주의

인간은 자연과 공존할 수 있을까?

향후 더 큰 성장이
기대되는 사상

#생태주의 #에른스트_해켈 #심층생태주의 #사회생태론 #생태사회주의

　19세기에 이르러 산업사회가 본격적인 궤도에 오르자 자본주의
와 부르주아적 자유주의에 대한 부작용과 그 반발 역시 다양하게
발생했다. 그중 대표적인 것이 노동 문제를 제기하는 사회주의 운동,
여성 문제를 다루는 페미니즘 운동, 그리고 생태주의다. 사회주의를
상징하는 색은 붉은색이고 페미니즘의 상징색은 보라색이다. 그리
고 생태주의는 녹색을 상징으로 한다. 적녹보 이 세 가지 색깔의 운
동은 자본주의 사회에 대한 대표적 저항운동이다.

　그러나 이 세 가지 운동은 통합된 연대 활동으로서 하나의 사상
과 운동을 형성하지는 못했다. 다만 사회주의 입장에서 페미니즘이

209

나 생태주의를 바라보거나, 페미니즘의 입장에서 포스트 자본주의나 생태주의를 주장하거나, 생태주의 입장에서 포스트 자본주의와 성적 탈권위를 주장하는 등 각자의 입장에서 다른 사상을 흡수하려는 시도는 지속되어왔다.

이번 장에서는 앞서 소개한 사회주의와 페미니즘에 이어 생태주의에 대한 이야기를 전개하고자 한다. 생태주의를 다루는 학문인 생태학Ökologie은 1866년 독일의 생물학자 에른스트 헤켈Ernst Haeckel(1834~1919)이 처음 사용한 것으로, 이 단어는 집을 뜻하는 그리스어 '오이코스(oikos)'에서 비롯되었다. 생태학은 인류가 살고 있는 '집'에 대한 학문이며, 이 집의 파괴를 막고 아름다운 집을 구성하려는 데 그 목적이 있다. 그리고 이러한 목적의식이 단순한 환경보호 운동의 차원을 넘어 사회를 구성하는 권력에게로 확장되어야 한다는 것이 바로 생태주의의 입장이다. 생태주의는 다양한 입장을 취하기 때문에 하나로 묶어서 설명하기 힘들지만 이러한 문제의식만큼은 대부분의 생태주의가 공유하고 있다.

생태주의에는 다양한 분류가 있는데 크게 심층생태주의, 사회생태론, 생태사회주의라는 세 가지 흐름이 있다. 심층생태주의와 비슷하거나 특정 내용이 빠지거나 더해진 형태의 순수생태주의, 영성생태론, 생태중심주의, 혁명적 생태주의 등으로 불리는 다양한 생태주의가 있지만, 이들 모두는 사회주의 등 다른 저항적 이데올로기에

공존
(박기훈, 2020년)

생태주의는 인간 이외의 존재가 가지는 내재적 가치와 도덕적 지위를 인정한다.
자연과 인간의 공존은 다양한 구경거리의 확보가 아닌
인간이 만물의 영장이라는 오만을 내려놓으면서 시작된다.

의존하지 않고 인간이 아닌 자연 전체에 가치를 부여한다는 점을 공유한다.

심층생태주의는 서양의 근대 이성이 자연을 인간의 자원이자 도구로 바라보는 인간 중심적 사고를 비판한다. 근대 사회에서 인간은 자연을 인간을 위한 자원으로 인식했다. 근대 철학의 아버지라 불리는 데카르트는 정신과 물질을 구분하는 이원론을 제시했다. 데카르트에게 이 둘은 지배, 피지배적 관계가 아니었으나 점차 정신과 같은 인간의 이성이 물질의 세계를 사용, 개조, 지배한다는 의식이 강해졌다. 이런 생각이, 신이 자신의 모습을 본떠 인간을 창조하고 만물의 영장으로 임명했다는 기독교적 사유와 결합하면서 현대의 인간은 자연을 착취의 대상으로 여기게 되었다. 심층생태주의는 이런 사유에 대해 비판을 제기한다. 자연을 유기체적 관점으로 바라보는 그들은 인간과 여타 자연은 구분되는 것이 아니라 상호 절대적 영향을 주고받는다고 주장한다.

심층생태주의는 인간의 이성이 가진 오만에 대해 경고를 날리며 인간 중심주의적 휴머니즘을 경멸한다. 인간이 이성을 기반으로 세상을 바라보고 바꾸려는 인간 중심적 휴머니즘은 생태주의자들에게 환경파괴의 원흉으로 간주된다. 이들은 과학기술이 제공한 경제 성장과 물질적 풍요에 회의감을 느끼며, 이러한 성장에도 불구하고 인간과 그 주변의 삶은 오히려 불행해지고 고통스러워졌다고 말한다. 자본주의뿐 아니라 사회주의 역시 반생태적 생리를 지니는데, 심층생태주의의 입장에서 보기에는 시장의 욕망에 따라 자원과 환경에 대한 무제한적 개발과 착취를 자행하는 자본주의와 마찬가지로 사회주의 역시 국가 단위의 개발과 생산을 독려한다는 측면에서 자본주의와 사회주의 모두 에너지 중독이라는 심각한 자기파괴 행위에 몰두해 있다는 것이다. 이들은 인간의 가치보다 지구나 환경의 가치를 높게 평가하며, 인간은 자연에 대해 존중을 넘어 공경을 해야 한다고 말한다.

이런 생태주의는 인간에 의해 발생한 반환경적 행위에 대한 반성을 넘어 생태지상주의, 생태파시즘, 인간혐오증으로 나아간다는 비판을 받고 있다. 사회생태주의의 대표적 이론가이자 실천가인 머레이 북친Murray Bookchin(1921~2006)은 심층생태주의가 휴머니즘적 인식과 자본주의적 생산이 발생하기 훨씬 이전인 원시 시대를 이상화하는데, 이는 엄청난 착각에 의한 것이라고 비판한다. 그는 고고학적 증거를 바탕으로 수렵채집의 시대는 기본적으로 약탈적 사회로서 인간은 한 지역의 먹거리와 환경을 완전히 바닥을 낸 이후에야 다른 곳으로 이동했다고 말한다. 북친은 자신의 저서《휴머니즘의 옹호》를 통해 인간이 자행한 과오들에 대해 문제의 기원을 찾는 것은 의미가 없으며, 현대 사회의 기술과 이성에 의해 발생한 환경파괴는 인간의 기술을 통해 복구해야 한다고 주장한다. 이에 따라 그는 생태주의가 개발에 대한 비판에 그쳐서는 안 되고 자본주의 국가의 무제한적 파괴 행위에 대해 권력적으로 대응할 수 있는 힘을 갖춰야 한다고 보았다. 이러한 생태주의를 사회생태론이라고 부른다. 무정부적 지향성을 띠는 사회생태론의 입장에서는 생산량의 증가와 발전을 중요시하는 사회주의 역시 반생태적이다. 사회생태론은 다시 인간의 이성을 중심으로 환경문제에 대응하고자 하는데, 자본주의적 욕망과 생산에 대한 사회주의의 강박을 넘어 이성을 중심으로 생태적 가치를 복원, 유지하고자 한다.

심층생태주의와 사회생태론은 생태적 가치 복원에 대해 진지한 논의를 제기하지만, 전자는 반인간적이라는 점에서 후자는 무정부주의라는 점에서 현실적 정치운동으로 이어지지 못하고 독특한 소수의 운동이라는 한계를 내비치고 있다. 이러한 단점을 극복하고자 한 것이 사회주의와 생태주의를 결합한 생태사회주의다. 이들은 자본주의적 과생산과 과소비가 환경문제의 원인이라고 여기며, 자본주의가 극복되면 과잉생산과 과소비에 따른 환경파괴도 완화될 수 있다고 보았다. 그러나 마르크스는 자신의 사회주의 이론에서 생산량의 증대라는 핵심 요소를 포기한 적이 없으며, 현실 속 사회주의 국가들도 중공업 중심의 발전으로 자본주의 못지않게 환경파괴에 한몫하고 있다.

유럽 등 각국에서 녹색의 가치를 지향하는 정당들이 유효한 의석 수를 차지하며 생태주의는 현재 정치적 영향력을 크게 높여가고 있다. 생태주의가 현실 정치에서 대안적 지침을 마련했는가에 대해서는 여전히 의문이 제기되지만, 환경파괴와 인류의 생존이라는 누구도 부인하기 힘든 어젠다를 표방하는 생태주의는 21세기 정치에서 앞으로 더 큰 영향력을 지닐 것이며, 그 지향을 더욱 명확하고 설득력 있게 제시할 수 있으리라는 기대를 받고 있다.

오늘의 키워드
주체사상

북한의
이데올로기

독자노선의 귀결

#김일성 #북한 #빨치산파 #수령론 #김정일 #독재

어느덧 남북분단의 역사가 70년을 넘어섰다. 남한과 북한은 서로 다른 체제 속에서 살아가며 서로를 경쟁의 상대로 생각하는 동시에 통일의 대상으로 여기는 이중적 사고를 하는 행태를 보인다. 그러나 남한과 북한은 서로의 사상에 대해 너무도 모른다. 북한 사람들에게 남한의 자본주의와 민주주의는 미국 제국주의의 욕망과 허상을 좇는 형국으로, 남한 인민들을 착취하기 위한 수단에 불과하다. 반면 남한 사람들에게 주체사상이란 그저 권력세습을 위한 사이비 교리로 여겨진다. 일부는 맞고 일부는 틀릴 수 있다. 남과 북의 단절은 서로의 체제와 사상에 대한 이해의 단절까지 가져왔기 때문이다. 남한의 자본주의와 민주주의에 대한 북한의 착오와 선입견은 차치하더라도 북한의 주체사상은 도대체 어떤 것이기에 현재까지 그 명맥을 유지하고 있는 것일까?

주체사상은 하나의 완성된 이론으로 북한 사회에 제시된 것이 아니라 시간이 지남에 따라 상황에 맞게 변화되어왔다. 이에 따라 주체사상은 북한 당국에 의해 '조선혁명의 확고한 지도사상', '사람 중심의 새로운 철학사상' 등 다양한 표현으로 선전되었다.

주체사상은 김일성의 권력 장악에서부터 시작되었다. 분단 이후 북한에서는 김일성의 빨치산파, 박헌영의 남로당, 허가이 등의 친소파, 김두봉 등의 연안파 등이 경쟁하고 있었다. 해방 후 소련은 북한에 진주하면서 소위 '고문정치'를 실시하며 북한의 내정에 깊이 관여했다. 그러나 한국전쟁 당시 소련의 소극적인 참여로 북한 내에서 소련파의 입지가 줄어들자 김일성의 빨치산파는 소련파로부터 당권을 빼앗았다. 또한 한국전쟁이 발발하면 남한 인민들이 봉기해 남한이 붕괴될 것이라는 박헌영의 주장이 허상으로 드러나고 그가 실각하자 남로당 계열에 대한 숙청을 감행했다.

소련과 중국의 지지를 등에 업은 친소파와 연안파와 경쟁을 해야 했던 김일성은 자의 반 타의 반으로 자립노선을 취할 수밖에 없었다. 그러나 자립노선은 소련과 중국의 견제와 간섭을 초래했고 이는 초창기 김일성의 권력 약화를 가져왔다. 한국전쟁 이후 기반시설이

북한의 선전 포스터

주체사상의 수령론에는 스탈린주의뿐 아니라 유교식 가부장제도 결합되어 있다.
북한의 최고지도자는 정치 지도자를 넘어 사회의 가부장으로서의
역할과 지위를 가지고 있다.

처음 하는 정치학 공부

파괴되어 전후 복구가 힘들었던 당시 이러한 자립노선은 소련과 중국의 경제 원조를 가로막는 부작용을 낳았다.

그러나 1956년 이후 소련이 대만 문제에 소극적 자세를 취하고 인도와의 국경 문제에서 중립을 지키자 중국공산당은 소련에 오랫동안 축적된 불만을 표출하며 이른바 '중소분쟁'이 발생했다. 소련과 중국의 분쟁은 전 세계 공산권을 친소파와 친중파로 분열시켰으며 두 국가는 공산국가들을 자기 쪽으로 편입시키기 위해 유화적인 태도를 취했다. 이를 틈 타서 김일성은 자립적 노선을 취할 수 있는 기회를 확보했다.

이를 계기로 북한은 자립노선과 김일성의 권력 독점을 추진했다. 특히 1956년 북한 내에서 발생한 '종파사건'을 통해 김일성은 권력을 더욱 강화했다. 종파사건이란, 1956년 김일성이 동유럽 공산권 국가로 순방을 나간 사이 연안파 등이 전원회의에서 김일성을 비판하고 정치체제를 집단지도체제로 바꾸려 하자 빨치산파가 이를 눈치채고 비판 발언을 방해하면서 그 계획을 좌절시키고 오히려 연안파를 대거 숙청함으로써 김일성 유일지도체제를 완성시킨 사건을 말한다.

이렇듯 김일성은 권력을 장악해가는 과정에서 자립노선을 취하게 되었다. 그때 등장한 것이 '우리식 사회주의'이다. 당시 마르크스-레닌의 사회주의는 소련의 교조주의라는 비판을 받고 있었고 이에 따라 북한만의 사회주의를 추진해야 한다는 목소리가 힘을 얻었다. 김일성은 1955년 '사상 사업에서 교조주의와 형식주의를 퇴치하고 주체를 확립하는 데 대하여'라는 연설에서 처음으로 '주체'라는 단어를 내세웠다. 애초에 그는 마르크스-레닌주의에 충실할 것을 강조하면서도 그것을 '창조적'으로 수용하자는 주장을 펼쳤으나, 1960년 이후 마르크스-레닌주의를 극복한 '자주적이고 창조적인' 지도사상을 도입하자는 목소리가 본격적으로 터져나왔다.

주체사상은 크게 두 가지 과제를 안고 있다. 첫째는 소위 혁명 이후 인민의 계급의식 또는 혁명의식을 어떻게 유지할 것인가이고, 둘째는 현재 북한의 권력체제에 부합하는 지도자상을 어떻게 구성할 것인가이다. 이 두 가지에 대한 응답은 수령론으로 수렴된다.

첫 번째 과제와 관련해 북한은 마르크스-레닌주의와 구분되는 주체사상을 주장한다. 마르크스-레닌주의의 역사적 유물론은 인간의 역사가 인간 개별의 노력이 아니라 경제적이고 역사적인 발전을 통해 순차적으로 이루어진다고 말한다. 즉 원시 공산사회가 농업을 중심으로 한 봉건 사회로 그리고 자본주의 사회로 이어지고 그후 사회주의와 공산주의로 발전해간다는 것이다. 그러나 자본주의 사회를 경험해본 적 없는 북한 사회에는 이런 이론이 적용되기가 어려웠다. 이에 북한은 마르크스의 역사적 유물론은 인간이 지닌 창조성을 무시하는 기계적이고 경제결정론적인 이론이므로 극복되어야 한다고 주장했다.

또한 마르크스는 인간의 계급의식이 계급 갈등에서 비롯된다고 말한다. 다시 말해 피착취계급으로서 프롤레타리아는 자신의 사회적 관계에서 혁명적 의식을 형성하고 혁명의 주체로서 역사의식을 지닌다. 그러나 북한과 같은 사회주의 국가에서는 생산수단의 국유화 또는 사회화로 자본주의적 계급이 해소되어 노동자는 자본주의 하에서와 같은 혁명적 의식을 고양할 수 없게 된다. 그런 한편 북한 사회는 자본주의 사회와 마찬가지로 생산량의 증대라는 목표도 동시에 가지고 있다. 이런 상황에 놓인 사회주의 공산권 국가와 당은 인민대중의 프롤레타리아 혁명의식을 고취하고 유지하기 위해 특정 이데올로기를 제시할 수밖에 없었다. 이들 이데올로기는 개별 사회주의 국가의 처지에 맞는 형식으로 변모되어 제시되었으며, 북한에서는 주체사상이라는 형식으로 구성되었다. 즉 마르크스의 역사적 유물론으로는 북한의 체제와 경제를 설명하는 데 한계가 있었기에 북한은 새로운 이데올로기를 제시할 수밖에 없었고, 이때 필요로 했던 것이 사회주의하에서 인민이 자발적으로 생산량 증대와 사회주의 완성에 참여할 이데올로기였다.

이에 따라 주체사상은 자본주의 착취구조 안에서 각성된 주체로서 '프롤레타리아트'가 아닌 '사람'을 주체로 내세운다. '프롤레타리아트'가 자본주의라는 시대적 환경에 의해 나타나는 것이기에 그런 환경이 없는 북한에서는 사회적 존재로서 '인간'을 내세운 것이다. 이때 인간은 자주성, 창조성, 의식성을 가진 존재로서 마르크스가 제시한 순차적 혁명을 넘어서서 스스로 혁명을 완수할 수 있는 존재가 된다고 보았다.

두 번째 과제와 관련해서는 1970년대에 '수령'이라는 개념이 본격적으로 등장한다. 1973년 출판물에서 '수령은 노동계급의 당과 지도자상을 창조', '당의 최고 영도자' 등으로, 1981년 출판물들에서는 '프롤레타리아 독재의 총체를 영도하는 전체 인민의 단결의 중심', '노동계급의 당과 인민대중의 최고 영도자', '전 당과 전체 인민의 통일 단결의 유일한 중심' 등으로 북한은 마르크스 - 레닌주의적 계급투쟁과 프롤레타리아 독재에 관한 범주 안에서 수령의 정의를 설명했다.

그러나 1982년 김정일 비서의 〈주체사상에 관하여〉라는 논문이 나온 이후로는 '인민대중의 자주성에 대한 옹호자', '노동계급 혁명투쟁에서 수령의 영도 없이는 승리할 수 없다는 수령결정론'의 입장으로 수령의 위상이 변화된다. 다시 말해 수령의 지위가 마르크스 - 레닌주의 전통의 계급투쟁을 이끄는 선구자적 역할에서 자본주의 단계 없이 인민대중을 사회주의로 이끄는 사상의식의 근본이자 이를 위한 유일한 지도자로 바뀐 것이다.

북한과 주체사상은 수령과 인민의 완전한 합일로서 혁명의 완성

처음 하는 정치학 공부

을 언제나 자신한다. 그러나 수령과 인민의 완전한 합일은 사실상 불가능하다. 그리하여 북한에서는 오히려 수령에 대한 숭배, 영생, 사랑 등 종교적 표현들이 정면에 부각되기 시작했다. 종교는 신을 논리적 예외로 삼는 것을 넘어 논리의 창조자로 위치시킴으로써 논리의 내적 완결성을 주장한다. 또한 수령에 대한 윤리학적 가치가 부여되기도 한다. 하지만 이런 윤리학적, 종교적 논의에도 불구하고 수령의 권위는 현실 사회에서 결국 국가라는 공권력에 의해 지탱될 수밖에 없는데, 이는 개별 인민에 대한 전제적 지배를 의미하기 때문에 독재의 필연성이 도출된다. 수령론은 수령이 있기 때문에 독재인 것이 아니라 수령을 통해 인민의 욕망이 해소된다는 확신에서 독재로 귀결된다. 수령은 자신의 존재에서가 아니라 존재 방식에서 독재의 형상을 띠게 된다. 따라서 주체사상에서 독재는 수령에 의한 통치 자체가 아니라 수령이 인민과 관계 맺는 방식, 즉 인민의 욕망에 대한 유일한 대표자를 자임함으로써 근원적 연관을 가지게 된다.

물론 사회주의 혁명의 완성과 그 이후 동구권의 몰락에도 불구하고 개혁·개방으로 불리는 자본주의화를 거부하고 혁명을 유지하기 위한 자구책으로서 인민의 실천의식을 고양하기 위한 주체사상의 사회적 역할은 여전히 유효하다. 하지만 수령은 오히려 주체로서 인민을 더욱 왜소하게 만들고 상징적 권력뿐 아니라 물리적 권력까지 동시에 가짐으로써 인민의 자주성을 실현하기 위해 인민의 자주성을 제한하는 모순에 직면해 있다. 마르크스주의의 이론적 배경을 포기한 채 여전히 인민을 혁명의 주체로 세우기 위해 수령론을 내세운 주체사상에게 독재라는 현실 권력의 문제는 주체사상이 해결해야 할 과제이자 비판이 끊임없이 이어지는 지점으로 남아 있다.

오늘의 키워드
사회민주주의

마르크스와 결별한
유럽식 사회주의

마르크스주의의
수정과 개량

#자본주의 #빈부격차 #사회주의 #베른슈타인 #카우츠키 #프랑크푸르트선언

    자본주의의 발전과 더불어 심각하게 제기된 자본주의의 어두운 부분, 즉 빈부격차와 처참한 노동환경의 문제는 19세기에 사회주의의 대두를 불러왔다. 당시 자본주의는 자유주의에 기반하는 가운데 민주주의를 표방했다. 그러나 이때의 민주주의는 선천적 계급의 폐지, 즉 부르주아의 자유로운 경제활동에 제약이 되던 귀족계급의 폐지에 중점을 두었을 뿐 민주주의의 가장 큰 요소인 만인평등 사상에는 별 관심이 없었다. 그런 탓에 당시 유럽과 미국에서는 재산에 따라 투표권이 부여 또는 제한되었다.

    자본주의를 비판하던 사회주의 진영의 시각에서, 당시 민주주의는 현실 사회에서 구호만 남은 채 그 가치가 훼손되어가고 있었으며, 그것의 복원은 중요한 문제였다. 이에 따라 사회주의 정당들은 그 명칭에 '사회민주주의'를 표방하고 나섰다. 독일의 사회민주당, 러시아의 사회민주노동당, 스웨덴의 사회민주노동자당 등이 그 예다. 이렇듯 초창기 사회민주주의는 사회주의와 크게 구분되지 않았다.

그러다 1890년대 후반 독일 사회민주당 내에서 독일의 사회주의자 베른슈타인Eduard Bernstein(1850~1932)이 제기한 수정주의 논쟁 이후 사회민주주의는 사회주의와 다른 길을 걷기 시작했다. 1870년대부터 20여 년간 마르크스주의 이론가로 활동한 베른슈타인은 카우츠키Karl Kautsky(1854~1938)와 함께 독일의 대표적인 마르크스주의 사상가였다. 마르크스에 의하면, 자본주의하에서는 원료값과 임금은 고정되어 있는 데 반해 생산설비에 지속적인 투자를 필요로 하기 때문에 이윤율이 절감하는 '이윤율 절감의 법칙'이 발생하기 마련이고, 이에 대응하기 위해 임금 수준을 낮추면서 발생하는 노동자의 불만, 그리고 값싼 원료를 확보하기 위한 제국주의 전쟁 등으로 인해 자본주의는 필연적으로 붕괴할 수밖에 없었다. 그러나 마르크스의 이런 전망과 달리 자본주의는 발전을 거듭하며 안정화되어갔고, 임금을 비롯한 노동자의 처우도 점차 개선되었다. 게다가 마르크스를 계승한 레닌이 주장하는 혁명노선은 위험부담이 너무 컸기 때문에 독일과 같은 선진 산업국가에서는 마르크스주의에 대한 회의감이 팽배해졌다.

이런 상황에서 베른슈타인은 마르크스의 이론을 수정해 독일 사회민주당 내에서 주장했다. 이는 당 내부의 치열한 논쟁을 불러왔다. 베른슈타인은 마르크스의 이론이 지나치게 결정론적인 입장을 고수한다고 비판했다. 이 결정론에 따르면, 역사에는 목적지가 정해져 있고 필연적으로 역사는 그 방향으로 '혁명을' 통해 나아가게 되어 있다. 그러나 이는 역사의 발전을 하나의 유기적 흐름이 아니라 단절적인 계단형으로 바라보는 시각이었다. 이에 베른슈타인은 마르크스의 역사관을 '신 없는 칼뱅주의'라고 비판했는데, 마르크스의 사상은 마치 운명처럼 심판의 날이 오고 필연적으로 천국에 도달하는 식이라 너무 신학적이라는 것이었다. 마르크스의 이런 역사관에 따르면, 정치, 법, 이데올로기에 해당하는 상부구조에 경제와 생산 등을 의미하는 하부구조가 절대적이고 일방적으로 영향을 미쳐서 경제체제가 그에 맞는 상부구조를 형성하게 되어 있다. 이 생각에 따르면 자본주의 체제 안에서 국가와 법은 오로지 자본주의를 위한 것으로 자본주의에 대한 비판이나 대안을 제시할 수가 없다. 그러나 베른슈타인이 보기에 이런 생각은 너무 단편적이었다.

베른슈타인은 역사에 단절은 없다고 보았다. 농업사회와 산업사회를 철저히 분절시켰던 마르크스와 달리 베른슈타인은 역사가 점진적으로 나아간다고 주장했다. 즉 혁명이란 어느 날 폭발적으로 발생한 사건으로 인한 과거와의 단절이 아니라, 발전의 누적이 곧 혁명이라는 것이다.

베른슈타인의 이런 주장은 초기에 독일 사회민주당에서 비판의 대상이 되었으며, 심지어 1899년과 1903년에는 당에서 유죄판결을 받았다. 하지만 그 세력은 차츰 더 커졌고, 폴란드 출신의 사회주의 이론가 로자 룩셈부르크Rosa Luxemburg(1871~1919) 등 당내 좌파세력들의 탈당으로 이어졌으며, 1951년 프랑크푸르트선언*을 통해 수정주의적 사회민주주의의 원칙을 천명하기에 이른다.

초기 자본주의는 정부가 아니라 '보이지 않는 손'이 개인의 이기심을 공공의 복리로 전환시켜주리라는 기대를 모았지만, 시장 중심의 무정부성은 수요와 공급의 조절 능력과 생산자와 소비자에 대한 보호능력을 의심받으며 많은 혼란을 초래했다. 이에 베른슈타인은 카르텔과 트러스트들이 시장의 무정부성을 조정할 수 있으리라고 내다봤다. 카르텔은 기업들의 협의의 장으로서 기능하고, 트러스트는 여러 기업을 자본을 통해 통합 또는 연합한 상태로 시장과 자본 스스로 자신을 조절하고 통제하는 기능을 하리라는 기대를 품었던 것이다. 또한 그는 신용제도를 통해 자본주의가 가진 본질적 문제로 지적되는 수요와 공급의 불균형도 완화될 수 있다고 주장했다.

• 1951년 7월 2일 독일의 프랑크푸르트 암마인에서 채택된 사회주의 인터내셔널의 강령이다. 기존 사회주의 성격과는 다른 사회주의 정의를 제시했고, 이때부터 사회주의의 성격과 방향에 커다란 변화가 나타나기 시작했다.

처음 하는 정치학 공부

1907년 독일 사민당 집회에서 연설하는 룩셈부르크

베른슈타인의 사회민주주의의 가장 강력한 라이벌은 로자 룩셈부르크였다.
그녀는 자본주의 국가와 법은 결국 자본가와 자본을 위할 수밖에 없는
태생적 한계를 지녔으므로, 베른슈타인과 그의 사상은 결국
자본의 논리에 흡수될 것이라 경고했다.

현물 시장에만 의존했던 기존의 수요와 공급 체계와 달리 신용은 외상거래를 가능하게 해주므로 가상의 수요와 공급 능력을 창출할 수 있기 때문이다. 그리고 독점자본주의의 문제는 주식회사와 협동조합 등의 요소를 통해 어느 정도 민주화를 이룰 수 있으리라 전망했다. 아울러 노동조합과 민주주의의 확산으로 노동자의 권익이 향상됨에 따라 초기 자본주의에서 발생한 노동인권의 유린 문제도 점차 완화될 것이라고 예견했다.

이에 대해 베른슈타인에 반대한 로자 룩셈부르크는《사회개혁이냐 혁명이냐》라는 책에서, 카르텔과 트러스트는 거대 자본의 독과점을 심화시키고 신용제도는 수요와 공급의 왜곡을 심화시켜 경제공황을 가져올 수 있으며, 주식회사와 협동조합의 민주적 기능은 아주 제한적으로만 발휘될 것이고, 노동조합은 노동자 전체의 삶이 아닌 자신의 노동 여건 개선에만 관심을 가질 것이라는 비판을 내놓았다.

그러나 독일의 산업화가 고도화되고 노동자의 임금이 상승하는 가운데 독일의 합법 정당이었던 사회민주당은 초법적 행위인 혁명 노선에 부담을 느꼈고, 당내 자유주의적 입장을 가진 세력의 규모가 커지면서 마르크스주의와는 다른 방향으로 나아가기 시작했다. 베른슈타인에게 민주주의는 사회주의의 수단이자 목표였다. 그런 차원에서 그는 1인 1표라는 보통선거권의 획득을 중요한 과제로 삼았다. 당시 독일에서는 자본가의 1표와 노동자의 30표가 동일한 효력을 지니고 있었기 때문에, 보통선거권만 관철된다면 노동자들이 당연히 사회민주당을 선택할 것이고 그러면 유혈혁명 없이도 정권을 장악할 수 있으리라고 생각했던 것이다. 그러나 실제로는 1932년 선거에서 사회민주당이 아닌 히틀러의 나치당이 제1당이 되는 결과가 나오고 말았다. 2차 세계대전 이후 독일의 사회민주당은 케인스주의 등과 손을 잡고 사회민주주의적 가치를 자본주의의 틀 안에서 시도하며 동구권의 몰락한 사회주의 국가들과 달리 독일 사회를 견인해나가고 있다.

독일 외에도 영국의 노동당, 프랑스의 사회당, 북유럽의 다양한 사민주의 정당 등이 독일 사회민주당과 비슷한 형태의 발전을 이루었다. 이들은 원칙상으로는 마르크스주의적 가치를 지향하면서도 실제로는 시장의 가치와 그 동기를 존중하며 협의점을 찾아나갔다. 이들은 자유주의적 자본주의의 남용을 견제하고 치유하는 데 관심과 역량을 집중했다. 동유럽을 제외한 유럽 전 지역에서 이런 사회민주주의적 가치는 주요 이데올로기로 자리를 잡았으나, 유럽 이외의 국가로는 퍼지지 못했다. 심지어 산업화가 더 진행된 미국과 일본에서도 수정된 사회주의를 기반으로 하는 사상은 확산되지 못했다. 특히 제3세계에서는 이를 벤치마킹하기 위한 여러 노력이 있었으나 독재의 다른 형태로 자리 잡았을 뿐이다. 현재 많은 나라들이 사회민주주의를 목표로 삼고 있지만, 다른 한편으로 사회민주주의는 제3세계를 약탈해 얻은 부와 정치적 여유의 유산이라는 눈초리도 받고 있다.

흔히 사회민주주의와 민주사회주의를 구분하기도 한다. 그러나 현재 정치사회에서 이 둘의 구분은 사실상 의미가 없다. 사회민주주의에서 마르크스주의는 자본주의의 극복이라는 일종의 선언에 불과하기 때문에 선언적 가치 외에는 민주사회주의와 차이가 사실상 없다고 볼 수 있으며, 따라서 이 둘의 구분은 불필요해 보인다.

 정치사상들은 격변기에 인류에게 새로운 희망을 제시하고, 사회에 암약하는 다양한 위험들을 통제하며 사회를 유지시키는 역할을 해왔다. 그러나 다른 한편 타인이나 타집단을 공격하는 집단적 야만성을 드러내기도 했으며, 높은 이상에 비해 현실성은 미약한 사상들도 있었다.

 정치사상은 대부분 당대 현실의 문제를 해결하기 위한 대안으로 제시되었다. 춘추전국시대의 제자백가 사상부터 중세 유럽의 천년왕국주의, 근현대의 사회계약론과 사회주의까지 한 시대를 풍미한 사상들은 전쟁이나 계급갈등, 빈곤 등의 문제에 대한 새로운 돌파구로 제안된 것들이다. 신자유주의처럼 기득권의 사상이라고 불리는 것들도 최초에는 개혁을 표방했으며, 제국주의와 나치즘 같은 폭력적인 사상들도 마찬가지였다.

 이처럼 특정 사상이 힘을 얻을 수 있었던 배경에는 기득권의 선

택만 작용했던 것이 아니다. 시대를 불문하고 대중적 열광이 뒷받침
되지 않는 사상이 그 시대의 이데올로기로 자리 잡는 경우는 극히
드물다. 나치즘 역시 히틀러의 국가사회주의노동자당이 1932년 총
선에서 득표율 37%라는, 독일 선거 역사상 유례없는 대승을 거두
며 제1당에 올라서면서 독일 사회의 주류 정치사상이 되었다. 대중
의 지지를 기반으로 정치사상이 헤게모니를 쥐는 상황은 비단 근대
이후뿐 아니라 고대와 중세 사회에서도 마찬가지였다. 동양의 제자
백가뿐 아니라 그리스의 민주주의와 로마의 공화주의 역시 평민들
의 요구와 지지로 성립되었다. 심지어 계급적 성격이 강한 중세의 봉
건주의 역시 고대 제국의 폭력성에 대한 일반 민중의 반발과 지방권
력에 대한 지지가 중요한 출발점이었다.

　이렇듯 모든 사상에는 대중의 선택과 그에 따른 책임의 문제가
항상 뒤따른다. 고대나 중세와 같은 권위주의 사회에서도 대중의 지
지를 받지 못하는 사상은 오래갈 수 없었다. 대표적인 예가 진시황
과 법가다. 진시황이라는 절대적 권력이 선택한 법가는 진시황 사후
급격히 힘이 빠졌으며, 민중의 지지를 등에 업은 유가에 의해 영향
력을 잃고 말았다.

　사회의 권력이 분산되고 지식이 보편화된 근대 이후에는 이런 현
상이 더욱 또렷해졌다. 나치즘과 제국주의의 폐단과 책임은 이른바
권력자가 아닌 당대의 대중에게 있다. 그들은 피해자이자 책임자인

셈이다. 대중은 자신이 속한 사회의 구성원이자 설립자로서 책임의
식을 가질 필요가 있다. 물론 대중의 어느 누구도 명시적으로 권력
을 용인하거나 직접 설립하지는 않았을 것이다. 하지만 그 체제에서
일상을 살아가는 것만으로도 우리는 그 시대에 대한 책임을 안고
사는 셈이다.

우리가 당연하게 여기는 가치인 민주주의에 대해서도 그 책임은
마찬가지다. 우리는 민주주의에 대해서도 의문을 던지고 비판을 할
준비가 되어 있어야 한다. 모든 시대의 사상들은 자체적으로 완전함
을 주장했고 대중은 그것을 당연시했다. 왕정 시대에는 가장 날카로
운 비판자조차 왕정 자체에 대한 비판은 상상하지 못했다. 하지만
인류가 수천 년간 쌓아온 지성과 경험은 자신이 속한 사회에 대한
비판을 가능하게 해준다.

우리가 지난 사상들을 공부하고 알아가는 이유는 단순히 지식을
쌓거나 교훈을 얻기 위해서만이 아니다. 지나간 사상사의 흐름 속에
서 우리는 정치사상들이 어떻게 인류의 삶에 영향을 미쳤는지 살펴
볼 수 있으며 그 사상을 넘어 밖으로 나아갈 단초를 얻을 수 있다.
우리에게는 현재 주류로 통하는 사상과 앞으로 등장할 사상을 평
가하고 가치를 부여할 책임이 있다. 이런 책임은 우리가 역사 속에서
실존하고 있다는 증빙이기도 하다. 정치는 무관심이나 조소, 재미의
대상이 아니라 스스로에게 끊임없이 책임을 묻는 실존의 문제다. 따

라서 정치에 대한 관심은 우리 삶의 현재와 미래를 알아가는 과정이며 우리의 책임을 인지하는 과정이라고 할 수 있을 것이다.

참고 문헌

01 토테미즘

클로드 레비 스트로스, 류재화 역, 《오늘날의 토테미즘》, 문학과 지성사, 2012.
지그문트 프로이트, 강영계 역, 《토템과 터부》, 지식을 만드는 지식, 2013.
곽진석, 〈시베리아 오로치족 곰 의례의 양상과 원시적 사고에 대한 연구〉, 《동북아 문화연구 vol.1 no.32》, 동북아시아문화학회, 2012.
김성일, 〈시베리아 소수민족 원형스토리와 토테미즘: 남시베리아 소수민족을 중심으로〉, 《스토리&이미지텔링 vol.5》, 건국대학교 스토리텔링이미지텔링연구소, 2013.

02 애니미즘

TH.W.아도르노 , M. 호르크하이머, 김유동 역, 《계몽의 변증법》, 문학과 지성사, 2001.
곽진석, 〈시베리아 니브흐족 신화의 세계관과 구성 원리에 대한 연구〉, 《동북아 문화연구 vol.1 no.37》, 동북아시아문화학회, 2013.
강한, 〈지배의 원역사-《계몽의 변증법》의 전애니미즘 단계의 분석〉, 《철학과 현상학 연구 vol.93》, 한국현상학회, 2022.
엄순천, 〈시베리아 토착민 에벤족의 애니미즘과 영혼관의 문화기술지적 고찰〉, 《문화교류와 다문화교육 vol.10 no.1》, 인하대학교 다문화융합연구소, 2021.

03 샤머니즘

이상화, 《샤머니즘의 세계》, 노마드, 2022.
강정원, 〈아시아 샤머니즘 연구사-개념 형성과 전개 ; 시베리아의 샤머니즘 개념 형성과 전개〉, 《샤머니즘연구 vol.5》, 한국샤머니즘학회, 2003.
이정빈, 〈단군신화의 비대칭적 세계관과 고조선의 왕권〉, 《인문학 연구 vol.0 no.31》,

경희대학교 인문학연구원, 2016.

황필호, 〈샤머니즘은 종교인가〉, 《샤머니즘연구 vol.3》, 한국샤머니즘학회, 2000.

이재실, 〈신화적 상상계와 샤머니즘―통과제의 시나리오로 본 내림굿〉, 《샤머니즘연구 vol.2》, 한국샤머니즘학회, 2000.

04 동양의 신화

빈미정, 〈中國始祖信和의 解釋 試探〉, 《중국학보 vol.46》, 한국중국학회, 2002.

최몽룡, 〈중국 삼황오제 시대와 고고학〉, 《유라시아문화 vol.5》, 유라시아문화학회, 2021.

임금복, 〈동양의 신화와 동학경전의 비교―요순 신화를 중심으로〉, 《동학회보 vol10 no.1》, 동학회보, 2006.

이정빈, 〈단군신화의 비대칭적 세계관과 고조선의 왕권〉, 《인문학 연구 vol.0 no.31》, 경희대학교 인문학연구원, 2016.

함규진, 〈한국 신화의 정치의식―창세신화, 건국신화와 유사 세계 신화의 비교를 중심으로〉, 《한국정치외교사논총 vol.34 no.2》, 한국정치외교사학회, 2014.

이지연, 〈일본 신화에 나타난 이계(異界) 분석: 이자나기, 이자나미 신화 모티브를 중심으로〉, 《일본학논집 vol.33》, 2016.

05 서양의 신화

H. 룸바히, 전동진 역, 《아폴론적 세계와 헤르메스적 세계》, 서광사, 2001.

에른스트 캇시러, 최명관 역, 《국가의 신화》, 도서출판 창, 2004.

TH.W.아도르노, M. 호르크하이머, 김유동 역, 《계몽의 변증법》, 문학과 지성사, 2001.

김길수, 《다시 쓰는 그리스 신화》, 소피아, 2008.

장영란, 《장영란의 그리스신화》, 살림, 2005.

토마스 불핀치, 최희성 엮음, 《(알수록 다시 보는) 그리스 로마 신화 100》, 미래타임즈, 2019.

박만준, 〈그리스적 세계관의 형성 배경: 정치적 이상의 형성배경을 중심으로〉, 《공공정책연구 vol.2》, 東義大學校 地域社會開發研究所, 1986.

06 혁명사상

맹자, 박경환 역, 《맹자》, 홍익, 2019.

신영복, 《강의》, 돌베개, 2004.

김교빈, 《동양철학에세이》, 동녘, 2002.

서대원, 〈"孟子" 革命論 考察-그 구조와 함의-〉, 《동양철학 vol.0 no.35》, 한국동양철학회, 2011.

박연우, 〈맹자(孟子)의 개혁적 정치성향과 제 선왕(齊 宣王)의 양심(良心) 구명(究明)- 맹자거제(孟子去齊)를 중심으로〉, 《儒學研究 vol. 46》, 충남대학교 유학연구소, 2019.

유영옥, 〈"맹자" 王道政治의 이념과 실현 방안〉, 《철학·사상·문화 vol.0 no.34》, 동국대학교 동서사상연구소, 2020.

07 반전평화주의

묵자, 최환, 《묵자》, 을유문화사, 2019.

신영복, 《강의》, 돌베개, 2004.

김교빈, 《동양철학에세이》, 동녘, 2002.

문한샘, 〈묵가의 정치적 합리성: 상동(尙同)에 대한 해석을 중심으로〉, 《철학연구 vol.0 no.121》, 철학연구회, 2018.

손영식, 〈맹자, 묵자, 한비자의 국가론과 군주론 - 유가의 군자 지배 체제와 묵자의 상동론-〉, 《대동철학 vol.90》, 대동철학회, 2020.

이동일, 〈묵자(墨子)의 겸애(兼愛)와 교상리(交相利)에서 나타난 공동체성〉, 《한국학논집 no.85》, 계명대학교 한국학연구원, 2021.

08 법치

한비자, 김원중 역, 《한비자》, 휴머니스트, 2016.

신영복, 《강의》, 돌베개, 2004.

김교빈, 《동양철학에세이》, 동녘, 2002.

최치원, 〈막스 베버, 마키아벨리 그리고 한비자의 정치개념 해석-직업 정치인(Berufspolitiker), 프린치페(Principe), 명주(明主)를 중심으로〉, 《정치사상연구 vol.20 no.1》, 한국정치사상학회.

박성호, 〈마키아벨리와 한비자의 통치론 비교: 《군주론》과 《한비자》를 중심으로〉,

《철학연구 vol.149》, 대한철학회, 2019.
진희권, 〈순자의 예치와 한비자의 법치〉, 《법철학연구 vol.7 no.2》, 한국법철학학회, 2004.
진희권, 〈한비자의 법치사상 연구〉, 《법철학연구 vol.9 no.1》, 한국법철학학회, 2008.

09 민주주의

플라톤, 박종현 역, 《국가》, 서광사, 2005.
아리스토텔레스, 김재홍 역, 《정치학》, 길, 2017.
H. 룸바히, 전동진 역, 《아폴론적 세계와 헤르메스적 세계》, 서광사, 2001.
레오 스트라우스, 이동수 역, 《서양정치철학사1》, 인간사랑, 2007.
정주환, 〈연구논문: 그리스 민주정치와 선거제도–아테네 민주주의의 형성과 추첨제를 중심으로–〉, 《법학논총 vol.40 no.1》, 단국대학교 법학연구소, 2016.
나종석, 〈고대 아테네 민주주의 제도의 이상과 현실에 대하여〉, 《사회와 철학 vol.0 no.8》, 사회와 철학 연구회.

10 공화주의

마르쿠스 툴리우스 키케로, 김창성 역, 《국가론》, 한길사, 2007.
니콜로 마키아벨리, 강정인 역, 《로마사 논고》, 한길사, 2019.
임유선, 〈마키아벨리(Niccolo Machiavelli)의 《로마사 논고》에 나타난 공화주의적 시민성 연구〉, 《국가와 정치vol.19》, 성신여자대학교 동아시아연구소, 2013.
조일수, 〈공화주의적 시민성에 대한 연구–아테네적 전통과 로마적 전통의 차이를 중심으로〉, 《윤리연구 vol.80 no.1》, 한국윤리학회, 2011.

11 천년왕국주의

Michael Barkun, Disaster and the millennium, New Haven, 1974.
Gordon Leff, In serch of the millennium, Past and Present, 1958.
토머스 모어, 권혁 역, 《유토피아》, 돋을새김, 2015.
김영한, 〈중세말의 천년왕국사상과 하층민의 난〉, 《동국사학 vol.19》, 동국사히회, 1986.
임희완, 《청교도 혁명의 종교적 급진사상–원스탄리를 중심으로》, 집문당, 1985.

12 봉건주의

아우구스티누스, 추인해 역, 《신국론》, 동서문화사, 2016.

토마스 아퀴나스, 이재룡 역, 《신학대전》18, 바오로딸, 2020.

조지프 R. 스트레이어, 중앙대학교 서양중세사연구회 역, 《근대 국가의 중세적 기원, 국가의 탄생》, 학고사, 2012.

에른스트 블로흐, 박설호 역, 《자연법과 인간의 존엄성》, 열린책들, 2011.

에른스트 블로흐, 박설호 역, 《르네상스철학에 관한 강연》, 열린책들, 2008.

조찬래 〈중세시기 국가 관념의 변화 양상에 관한 연구〉, 《사회과학연구 vol.25 no.4》, 2014.

13 기사도

르네 지라르, 김진식 역, 《폭력과 성스러움》, 민음사, 2019.

Time-Life Books 엮음, 김옥진 역, 《기사도의 시대》, 가람기획, 2004.

콘스탄스 브리텐 부셔, 강일휴 역, 《중세 프랑스의 귀족과 기사도》, 신서원, 2005.

리오 브로디, 김지선 역, 《기사도에서 테러리즘까지: 전쟁과 남성상의 변화》, 삼인, 2010.

이정민, 〈성 베르나르와 새로운 기사도:《새로운 기사도를 위한 찬가》를 중심으로〉, 《西洋中世史硏究 vol.0 no.27》, 한국서양중세사학회, 2011.

조두환, 〈서구의 기사도 정신과 여인상: 본질과 발전〉, 《독일어 문학 vol.14》, 한국독일어문학회, 2001.

이현주, 〈궁정풍 사랑의 문학에 등장하는 '레이디' 연구:《아서왕의 죽음》에 그려진 두 개의 사랑 이야기를 중심으로〉, 《문학과 종교》, 한국문학과 종교학회.

14 무사도

니토베 이나조, 양경미 외 역, 《일본의 무사도: 무사도를 통해 본 일본 정신의 뿌리와 그 정체성》, 생각의 나무, 2006.

신도호도조, 추영현 역, 《무사도》, 문, 2010.

우치다 준조, 윤영기 외 역, 《일본정신과 무사도》, 경성대학교 출판부, 2012.

정삼현, 〈무사도연구〉, 《움직임의철학: 한국체육철학회지 vol.13 no.2》, 한국체육철학회, 2005.

최형욱, 〈니토베 이나조·량치차오·신채호의 무사도·화랑도 수립 비교 연구〉, 《東洋學

vol.0 no.78》, 단국대학교 동양학 연구원, 2020.

이인화, 〈일본 내셔널리즘의 근원과 근대시기의 국가주의적 변용-기기(記紀)와 무사도(武士道)를 중심으로-〉, 《東洋哲學研究 vol.78》, 동양철학연구회, 2014.

박진환, 〈무사도의 창안과 현대적 변용—근대 일본의 '국민도덕' 만들기〉, 《역사비평 vol.- no.74》, 역사비평사, 2006.

15 사회계약론

Thomas Hobbes, Man and Citizen, HACKETT, 1991.

Locke, John Two Treaties of Government, Cambridge University, 1952.

이원혁, 〈홉스 사회계약론의 인식론적 재구성: 자연상태, 생명 그리고 권력을 중심으로〉, 건국대학교 대학원 박사학위논문, 2022.

장 보댕, 임승휘 옮김, 《국가론》, 책세상, 2017.

장-자크 루소, 최석기 옮김, 《사회계약론》, 동서문화사, 2007.

16 민족주의

Anthony D. smith, Theories of Nationalism, New York, 1972.

임지현, 《민족주의는 반역이다》, 소나무, 1999.

반찬승, 《민족, 민족주의》, 소화, 2016.

나종석, 〈탈민족주의 담론에 대한 비판적 성찰-탈근대적 민족주의 비판을 중심으로-〉, 《인문연구 vol.- no.57》, 영남대학교 인문과학연구소, 2009.

조대연, 〈근대국가의 형성, 민족주의, 그리고 고고학-그리스의 사례를 중심으로〉, 《인문논총 vol.72 no.3》, 서울대학교 인문학연구원, 2015.

17 자유주의

존 스튜어트 밀, 박홍규 역, 《자유론》, 문예출판사, 2009.

노명식, 《자유주의의 원리와 역사》, 민음사, 1994.

루돌프 피어하우스, 공진성 역, 《코젤렉의 개념사 사전7 자유주의》, 푸른역시, 2014.

18 보수주의

Clinton Rossiter, Conservatism, in international Encyclopedia of the social
　Sciences, London, 1956.
루돌프 피어하우스, 이진일 역, 《코젤렉의 개념사 사전14 보수주의》, 푸른역사, 2019.
이국영, 〈현대 보수주의의 사회구상: 비판적 검토〉, 《한국정치학회보 vol.32 no.4.》,
　한국정치학회, 1999.
이봉희, 〈보수주의란 무엇인가─에드먼드 버크에서 신보수주의까지〉, 《황해문화 vol.38》,
　새얼문화재단, 2003.

19 제국주의

칼 마르크스, 김호균 역, 《정치경제학 비판 요강1》, 그린비, 2007.
블라디미르 일리치 레닌, 남상일 역, 《제국주의론》, 백산서당, 1986.
외르크 피쉬 외, 황승환 역, 《코젤렉의 개념사 사전3 제국주의》, 푸른역사, 2010.
앤드류 포터, 석화정 역, 《유럽 제국주의 연구의 현황과 과제》, 사곰, 2001.
W. J Mommsen, 백영미 역, 《제국주의이론》, 돌베개, 1983.

20 사회주의

칼 마르크스, 이진우 역, 《공산당 선언》, 책세상, 2018.
프리드리히 엥겔스, 박광순 역, 《공상에서 과학으로》, 범우사, 2006.
니코스 풀란차스, 《정치권력과 사회계급》, 풀빛, 1986.
임마누엘 월러스틴, 성백용 역, 《사회과학으로부터 탈피》, 창작과 비평사, 1994.
최갑수, 〈사회민주주의란 무엇인가〉, 《사회평론 vol.1》, 사회평론, 1991.

21 민주주의

조르조 아감벤 외, 《민주주의는 죽었는가》, 난장, 2010.
자크 랑시에르, 허경 역, 《민주주의는 왜 증오의 대상인가》, 인간사랑, 2011.
레오스트라우스, 홍원표 역, 《자연권과 역사》, 인간사랑, 2001.
강정인, 《현대 민주주의론의 경향과 쟁점》, 문학과 지성사, 1994.
조지 세이빈 외, 성유보 외 역, 《정치사상사1》, 한길사, 1983.

22 아나키즘

P. A. 크로포트킨, 김영범 역, 《만물은 서로 돕는다》, 르네상스, 2005.
P. A. 크로포트킨, 백용식 역, 《아나키즘》, 충북대학교출판부, 2020.
막스 슈티르너, 박종성 역, 《유일자와 그 소유》 부북스, 2023.
프리드리히 엥겔스, 김대웅 역, 《가족, 사유재산, 국가의 기원》, 두레, 2012.

23 사회진화론

박노자, 《우승열패의 신화》, 한겨레신문사, 2005.
우남숙, 〈사회진화론의 동아시아 수용에 관한 연구〉, 《동서철학연구 vol.74》, 한국동서철학회, 2014.
전복희, 〈사회진화론의 19세기말부터 20세기초까지 한국에서의 기능〉, 《한국정치학회보 vol.27 no.1》, 한국정치학회, 1993.

24 나치즘

아돌프 히틀러, 황성모 역, 《나의 투쟁》, 동서문화사, 2014.
원철, 〈나치즘의 '반근대' 개념〉, 《혁명, 사상, 사회변동》, 경북대학교 출판부, 1991.
원철, 〈히틀러의 나치즘 이념에서의 인종주의의 위치〉, 《西洋史論 vol.70 no.1》, 한국사양사학회, 2001.
윤용선, 〈나치집권 이전 교양시민계층의 반유대주의: 베를린 반유대주의논쟁을 중심으로〉, 《열린정신 인문학연구 vol.6》, 원광대학교 인문학연구소, 2005.

25 와하비즘

양경규, 《이슬람주의: 와하비즘에서 탈레반까지》, 벽너머, 2022.
송상현, 〈와하비즘의 발흥과 사우드가와의 종교—정치적 동맹에 대한 역사적 고찰〉, 《韓國 中東 學會 論叢 vol.38 no.2》, 한국중동학회, 2017.
엄한진, 〈왜곡된 근대화의 산물로서의 이슬람근본주의〉, 《宗敎硏究 vol.29》, 한국종교학회, 2002.

26 페미니즘

정현백, 《여성학 강의》, 동녘, 1991.

J.S Mill, 김혜숙 역, 《여성의 예속》, 이화여대출판부, 1986.

하이디 하트만, 김혜경 외 역, 《여성해방이론의 쟁점》, 태암, 1990.

태혜숙, 《탈식민주의의 페미니즘》, 여이연, 2001.

27 신자유주의

미셀 푸코, 심세광 외 역, 《생명관리정치의 탄생》, 난장, 2012.

서정훈, 〈홉슨의 제국주의론 연구〉, 서울대학교 박사학위 논문, 1993.

송규범, 〈홉하우스의 신자유주의〉, 《서양사론 vol.41 no.1》, 한국서양사학회, 1993.

배성인, 〈신자유주의 시대 개인과 국가의 정치적 관계와 민주주의〉, 《21세기 정치학회보 vol.24 no.3》, 21세기정치학회, 2014.

임소연, 〈신자유주의 생명정치, 그 망상의 파노라마〉, 《韓國社會學 vol.51 no.2》, 한국사회학회, 2017.

28 생태주의

머레이 북친, 구승회 역, 《휴머니즘의 옹호》, 민음사, 2002.

피터 싱어, 김성한 역, 《동물해방》, 연암서가, 2012.

정선영, 〈연구논문: 왜 심층생태주의인가: 생태비평의 세 가지 근본주의 생태론 고찰〉, 《인문사회 21 vol.6 no.3》, 아시아문화학술원, 2015.

이태수, 〈신이 되는 인간: 심층생태주의의 경우〉, 《인간 · 환경 · 미래 no.2》, 인제대학교 인간환경미래연구원, 2009.

정원석, 〈생태정치학의 이념과 새로운 사회주의론〉, 《한국정치학회보 vol.30 no.4》, 한국정치학회, 1997.

29 주체사상

선우현, 《우리시대의 북한철학》, 책세상, 2000.

김남식, 《21세기 우리민족 이야기》, 통일뉴스, 2004.

이병수, 〈북한의 철학–북한철학계의 전통철학 연구 동향과 앞으로의 변화 가능성에 대한

연구 ; 주체사상의 보편화 및 체계화 과정에 대한 분석〉, 《시대와 철학 vol.5 no.2》,
한국철학사상연구회, 1994.
이병수, 〈북한철학의 패러다임 변화와 사상적 특징〉, 《大同哲學 vol.67》, 대동철학회,
2014.

30 사회민주주의

에두아르트 베른슈타인, 송병헌 역 《사회주의란 무엇인가》, 책세상, 2014.
로자 룩셈부르크, 김경미 역, 《사회 개혁이냐 혁명이냐》, 책세상, 2008.
장현백, 〈진보이념과 제국주의의 공존: 식민지문제를 향한 독일 사회민주주의자의
시선과 현실(1884~1918)〉,
《사총 vol.85》, 고려대학교 역사연구소, 2015.
정국헌, 〈독일 사회민주주의의 정치적 실험〉, 《21세기 정치학회보 vol.16 no.2》, 21세기
정치학회, 2006.
정태석, 〈'역사적 현상으로서의' 사회민주주의 정치와 계급정치: 자본주의적 민주주의
사회에서의 사회민주주의〉, 《경제와 사회 no.11》, 비판사회학회, 1991.

EBS 30일 인문학

처음 하는 정치학 공부

1판 1쇄 발행 2023년 8월 20일
1판 2쇄 발행 2024년 1월 22일

지은이 이원혁
펴낸이 김유열
편성센터장 김광호 | **지식콘텐츠부장** 오정호 | **단행본출판팀** 장효순, 최재진, 서정희
북매니저 윤정아, 이민애, 정지현, 경영선

책임편집 김시경, 월링북스 | **디자인** 김규림 | **인쇄** 우진코니티

펴낸곳 한국교육방송공사(EBS)
출판신고 2001년 1월 8일 제2017-000193호
주소 경기도 고양시 일산동구 한류월드로 281
대표전화 1588-1580
홈페이지 www.ebs.co.kr | **이메일** ebsbooks@ebs.co.kr

ISBN 978-89-547-7780-3 (04100)
     978-89-547-5891-8 (세트)